# 전래 동화보다 재미있는 한국사 100대 일화

글 표시정
그림 이광익

# 차 례

## 고조선 시대
01 사람이 되고 싶었던 곰과 호랑이

## 삼국 시대
02 알에서 태어난 혁거세
03 활을 잘 쏘아 미움받은 아이
04 아버지의 증표를 찾은 유리
05 호동 왕자와 낙랑 공주
06 지혜로운 을두지
07 떡을 깨물어 왕이 된 유리
08 가야를 세운 수로

09 연오랑과 세오녀
10 국상이 된 농사꾼 을파소
11 왕이 된 소금 장수 을불
12 책 읽는 마부 아직기
13 돌이 된 아내
14 백결 선생과 방아 타령
15 바둑을 잘 둔 도림
16 가짜 맹수로 우산국을 얻은 이사부
17 이차돈의 하얀 피
18 황룡사 벽에 그린 솔거의 소나무 그림
19 남모를 질투한 준정
20 약속을 지킨 거칠부
21 평강 공주와 바보 온달
22 귀신들도 무서워한 비형
23 서동과 선화 공주

24 선덕 여왕과 향기 없는 꽃
25 말의 목을 벤 김유신
26 하늘에 별을 올린 김유신
27 비단 치마를 주고 산 꿈
28 앞날을 내다본 성충
29 원효와 해골 물
30 계백과 관창의 황산벌 전투
31 낙화라 불린 삼천 궁녀
32 용이 된 선묘
33 아사달과 아사녀

## 통일 신라 시대

34 바닷속에서 나라를 지킨 문무왕
35 평화의 선물, 만파식적
36 석굴암·불국사에 담긴 김대성의 효심
37 두 개의 태양과 월명사의 도솔가
38 에밀레종 이야기
39 땅속에서 나온 종
40 멧돼지의 아들 최치원
41 임금님 귀는 당나귀 귀
42 효심 깊은 지은
43 애꾸눈 궁예
44 호랑이의 젖을 먹고 자란 견훤

## 고려 시대

45 지키지 못한 약속
46 앞날을 내다보는 거울
47 왕건을 살린 충신 신숭겸
48 신라의 마지막 왕자, 마의 태자
49 어린 원님, 강감찬
50 자만심 때문에 패한 장군

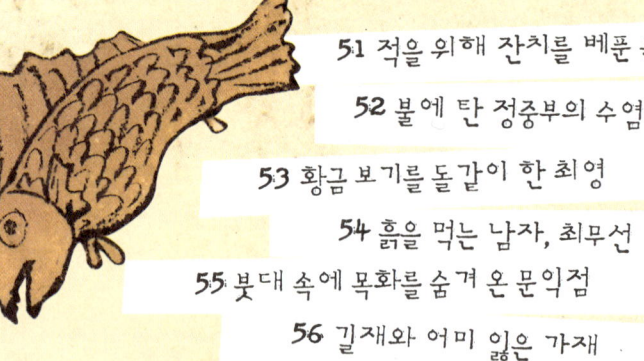

51 적을 위해 잔치를 베푼 윤관

52 불에 탄 정중부의 수염

53 황금 보기를 돌같이 한 최영

54 흙을 먹는 남자, 최무선

55 붓대 속에 목화를 숨겨 온 문익점

56 길재와 어미 잃은 가재

## 조선 시대

57 물 위에 버들잎을 띄운 신덕 왕후

58 태조와 무학 대사

59 함흥차사와 지혜로운 박순

60 명사수 김득생의 억울한 죽음

61 미치광이가 된 양녕 대군와 승려가 된 효령 대군

62 소를 탄 맹사성

63 황희를 가르친 농부

64 세종과 신숙주

65 오세 신동 김시습

66 물동이에 담긴 물을 잰 장영실

67 벼슬을 한 소나무

68 말에서 떨어진 형제

69 연산군의 복수

70 치마바위

71 나뭇잎 때문에 죽은 조광조

72 이황의 아내 사랑

73 임꺽정을 몰라본 도둑

74 치마 위에 그림을 그린 신사임당

75 친구에게 수명을 나누어 준 정북창

76 율곡 이이의 지혜

77 앞치마가 행주치마가 된 이유

78 한석봉과 떡 써는 어머니

79 말에서 떨어진 이순신

80 병풍의 시를 모두 외운 사명당

81 홍의 장군 곽재우

82 코끼리를 따라간 허준

83 깨진 달걀

84 무명옷을 입은 대감 부인

85 가시나무로 고기를 잡은 임경업

86 색동옷을 입은 김만중

87 노래하는 상제와 춤추는 스님

88 어사 박문수를 조카로 둔 백정

89 현명한 왕비 정순 왕후

90 이천 냥을 주고 매화를 산 김홍도

91 최익현, '상투 대신 목을 잘라라!'

92 녹두 장군 전봉준

## 일제 강점기

93 신채호의 젖은 옷

94 아들 구두를 자른 조만식

95 호랑이를 이긴 유관순

96 시계를 맞바꾼 윤봉길과 김구

97 약속을 잘 지킨 안창호

98 일본 순사를 울린 이야기꾼

99 그림 속의 복숭아

100 손기정의 슬픈 금메달

# 01 사람이 되고 싶었던 곰과 호랑이

**고조선 시대**

옛날 환웅이 인간 세상을 다스리고 있을 때의 일이에요.
어느 날, 곰과 호랑이가 환웅을 찾아왔어요.
"환웅 님, 저희는 오랫동안 인간 세상을 동경해 왔습니다.
하오니 저희를 사람으로 만들어 주십시오."
환웅은 쑥 한 자루와 마늘 스무 쪽을 주며 이렇게 말했답니다.
"이것을 먹으며 백 일 동안 햇빛을 보지 않으면 사람이 될 수 있을 것이다."
곰과 호랑이는 그길로 동굴 속으로 들어갔어요.
햇빛을 피해 어두컴컴한 동굴에 머무르며 쑥과 마늘만 먹었지요.
그런데 하루 이틀이 지나자 호랑이는 안절부절 못했어요. 좁은 동굴 속에 갇혀 지내는 것이 너무 답답했거든요.

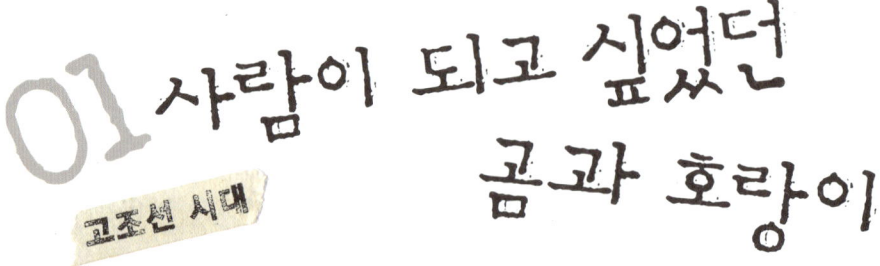

호랑이는 곰에게 이렇게 불만을 털어놓았답니다.
"푸른 들판을 마음껏 뛰어다니고 싶어.
신선한 고기도 먹고 싶고……."
"호랑이야, 조금만 더 참으면 사람이 될 수 있어.
그러니까 조금만 더 참자."
"곰아, 미안해. 나는 답답해서 더는 못 견디겠어."
결국 호랑이는 동굴을 뛰쳐나가고 말았어요.
곰은 백 일을 꾹 참고 견딘 다음 동굴을 나왔어요.
곰이 연못에 얼굴을 비춰 보았더니 아리따운 여자가
되어 있었어요. 여자가 된 곰이 환웅과 결혼해서 낳은
아이가 바로 우리나라의 시조인 단군이랍니다.

➕ '인내는 쓰지만 그 열매는 달다'라는 말처럼 참고 노력하면 좋은 결과가 있을 거예요.

👤 환웅은 천제인 환인의 아들이며, 고조선을 세운 단군의 아버지입니다.

## 02 알에서 태어난 혁거세
삼국 시대

여섯 마을 촌장들이 높은 산에 올라가 하늘을 향해 빌었어요.
"우리에게 왕을 보내 주십시오. 어질고 덕이 있어서
백성들의 마음을 잘 헤아릴 줄 아는 왕이면 좋겠습니다."
그때 갑자기 하늘에서 환한 빛이 번쩍하고 땅으로 떨어졌어요.
촌장들이 서둘러 달려가 보니, 수풀 사이에 흰말 한 마리가
꿇어 절하는 모양을 하고 있었어요.
흰말은 촌장들을 보더니 길게 소리쳐 울고는 하늘로 올라가
버렸지요.
말이 있던 자리에는 커다란 알이 하나 놓여 있었어요.
"이게 무슨 알이지?"
바로 그때, 알이 쩍 하고 갈라졌답니다.
알 속에는 잘생긴 사내아이가 들어 있었어요.
촌장들은 기뻐하며 아이를 집에 데려왔어요.
"이 아이는 하늘이 보내 주신 아이입니다.
그러니 이 아이를 우리의 왕으로 받들어
모십시다."

촌장들은 아이가 박처럼 생긴 큰 알에서 나왔다고 해서 박(朴)씨 성을 붙였어요. 그리고 세상을 밝게 다스리라는 뜻으로 혁거세라는 이름을 지어 주었답니다.

➕ 무엇이든 간절하게 바라면 언젠가는 이루어진답니다.
❓ 박혁거세(B.C.69~A.D.4)는 신라의 첫 번째 왕입니다.

# 활을 잘 쏘아 미움받은 아이

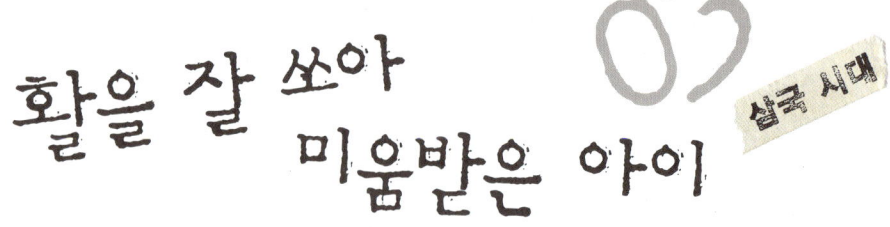

**03** 삼국 시대

천제의 아들 해모수와 물의 신 하백의 딸 유화에게는 주몽이라는 아들이 있었어요.
주몽은 어렸을 때 동부여의 왕인 금와 밑에서 자랐는데, 금와왕의 일곱 아들은 주몽을 아주 미워했답니다. 활 솜씨가 좋은 주몽이 금와왕의 사랑을 독차지했기 때문이에요.
왕자들은 주몽이 자신들을 밀어내고 왕위에 오를까 봐 걱정이었어요. 그래서 주몽을 없애려고 했답니다.
이 사실을 알게 된 유화 부인이 주몽을 불러 말했어요.
"부여에는 너를 시기하는 사람들이 너무 많다. 그러니 부여를 떠나 다른 곳으로 가서 네 뜻을 마음껏 펼치며 살아라."
주몽은 절친한 친구인 오이, 마리, 협보와 함께 부여를 떠났어요.
주몽 일행이 부여를 떠나자, 이를 눈치챈 추격꾼들이 따라붙었어요.
엄호수라는 강가에 다다른 주몽은 하늘을 향해 간절히 기도했어요.
"저는 천제의 아들인 해모수와 물의 신 하백의 딸인 유화의 아들 주몽입니다. 지금 저를 해치려는 자들이 뒤를 쫓고 있으니 강을 건널 수 있도록 도와주세요."

그러자 물고기와 자라들이 물 위로 떠올라 다리를 만들어 주었어요.
주몽 일행은 그 다리를 밟고 무사히 강을 건넜어요.
추격꾼들은 그저 강 건너편에서 발만 동동 구를 뿐이었지요.
물고기와 자라가 온데간데없이 사라져 버렸거든요.
이렇게 해서 무사히 부여를 떠난 주몽은 졸본으로 건너가 고구려를
세워 자신의 뜻을 마음껏 펼 수 있었답니다.

➕ 하늘은 스스로 돕는 자를 돕는답니다.

ℹ️ 주몽, 즉 동명 성왕(B.C.58~B.C.19)은 고구려의 첫 번째 왕입니다.

**삼국 시대**

## 04 아버지의 증표를 찾은 유리

주몽의 아들인 유리는 아버지 없이 어머니 손에서 자랐어요.
어느 날, 유리는 참새를 잡다가 실수로 그만 물동이를 깨뜨리고 말았어요.
화가 난 물동이 주인은 유리를 보며 혀를 찼어요.
"누가 아비 없이 자란 자식 아니랄까 봐. 쯧쯧……."
이 말을 들은 유리는 부끄러워서 얼굴을 들 수가 없었어요.
그날 저녁, 유리는 너무 속이 상해서 어머니에게 아버지에 대해 캐물었답니다. 어머니 예씨 부인은 유리에게 고구려의 왕 주몽이 아버지임을 일러 주었어요.
"유리야, 아버지를 만나고 싶다면 일곱 모난 돌 위에 있는 소나무 밑을 찾아보거라. 그곳에 네 아버지가 숨겨 놓은 증표가 있을 것이다."
유리는 어머니의 말을 듣고 아버지가 남긴 증표를 찾기 위해 온 산을 헤매고 다녔어요.
하지만 아무리 찾아다녀도 일곱 모난 돌 위에 있는 소나무를 찾을 수가 없었답니다.
그러던 어느 날, 유리는 지친 몸으로 마루에 털썩 주저앉았어요.

그때 기둥과 주춧돌 사이에서 날카로운 쇳소리가 들렸어요.
유리는 이상한 생각이 들어서 주춧돌을 살펴보다가 주춧돌이
칠각형이라는 사실을 알게 되었어요.
"그래, 바로 이거야! 일곱 모난 돌 위에 있는 소나무는 칠각형의
주춧돌 위에 있는 이 기둥을 말하는 거야."
유리는 기둥 밑에서 부러진 칼 조각을 찾아 아버지를 만나러 갔어요.
주몽은 부러진 칼 조각을 보고 유리가 자신의 아들임을 단번에
알았지요. 덕분에 유리는 그토록 그리워하던 아버지를 만날 수
있었답니다.

➕ 아버지를 그리워하는 아들의 마음을 막을 수 있는 것은 아무 것도 없답니다.

👤 유리왕(?~A.D.18)은 고구려 제2대 왕입니다.

삼국 시대 05

# 호동 왕자와 낙랑 공주

고구려 대무신왕의 둘째 아들인 호동 왕자는 잘생긴 청년이었어요.

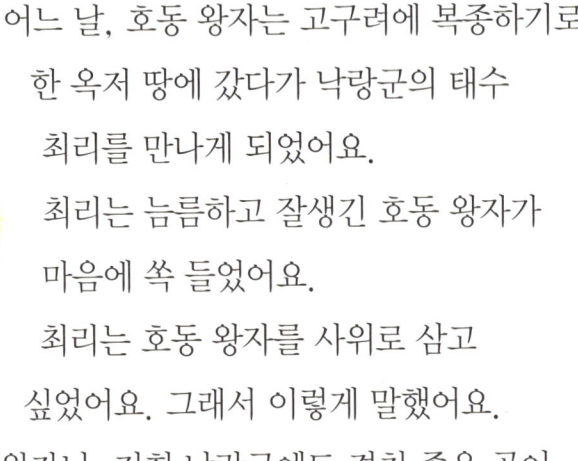

어느 날, 호동 왕자는 고구려에 복종하기로 한 옥저 땅에 갔다가 낙랑군의 태수 최리를 만나게 되었어요.
최리는 늠름하고 잘생긴 호동 왕자가 마음에 쏙 들었어요.
최리는 호동 왕자를 사위로 삼고 싶었어요. 그래서 이렇게 말했어요.
"왕자님, 저희 낙랑군에도 경치 좋은 곳이 많답니다. 저와 함께 가지 않으시겠습니까?"
호동 왕자는 낙랑이 어떤 나라인지 알고 싶어서 최리를 따라갔어요.
최리는 호동 왕자를 위해 궁궐에서 성대한 잔치를 베풀었어요.
그 자리에서 호동 왕자는 최리의 딸인 낙랑 공주와 첫눈에 반해 얼마 동안 함께 지냈지요.
하지만 낙랑은 고구려가 정복하려는 땅이었어요.
고구려로 돌아온 호동 왕자는 낙랑 공주에게 사람을 보내 이렇게 전했어요.

"당신 나라 무기고에 있는 자명고를 찢으시오. 그렇게 해야만 나를 볼 수 있을 것이오."

낙랑에는 적이 쳐들어오면 스스로 소리를 내는 자명고라는 북이 있었거든요. 낙랑 공주는 고민 끝에 몰래 자명고를 찢었답니다. 대무신왕과 호동 왕자는 자명고가 찢어졌다는 이야기를 듣고 군대를 이끌고 낙랑으로 쳐들어갔어요. 최리는 고구려군이 궁궐로 몰려오고 있다는 보고를 받고 깜짝 놀랐어요.

"아니, 어째서 자명고가 울리지 않았단 말인가!"

최리는 사랑에 눈이 먼 낙랑 공주가 자명고를 찢은 사실을 알게 되었어요. 화가 머리끝까지 난 최리는 낙랑 공주를 죽였어요. 뒤늦게 이 사실을 알게 된 호동 왕자는 죽은 낙랑 공주를 부둥켜안고 슬피 울었답니다.

➕ 사랑은 아름다운 감정이지만 때로는 비극을 불러일으키기도 합니다.

👤 호동 왕자(?~32)는 고구려 대무신왕의 둘째 아들입니다.

# 06 지혜로운 을두지

삼국 시대

고구려 대무신왕 때, 한나라 군대가
위나암성을 공격해 왔어요.
대무신왕은 신하들을 한자리에 불러 모아
대책을 의논했어요.
"적을 물리칠 좋은 방법이 있으면 이야기해 보시오."
그러자 송옥구가 이렇게 말했어요.
"전하, 한나라군이 수적으로는 우세하나 이곳 지리를 잘 모르니,
불시에 공격을 하는 것이 어떻겠습니까?"
송옥구의 말이 끝나자, 을두지가 말을 이었어요.
"그보다는 머리를 써서 물리치는 것이 좋을 것 같습니다."
을두지는 위나암성의 성문을 굳게 닫아걸고, 한나라군이 지치기를
기다렸다가 공격하자고 했어요. 대무신왕은 곰곰이 생각하더니
을두지의 손을 들었답니다. 그렇게 해서 위나암성을 사이에 두고
고구려군은 성안에서, 한나라군은 성 밖에서 팽팽히 맞서게
되었어요. 그런데 얼마 후, 성안의 물이 바닥을 드러내기
시작했어요. 이대로 있다가는 마실 물 때문에 곤란을 겪게 될 것
같았지요.
을두지는 대무신왕을 찾아가 이렇게 말했어요.

"전하, 한나라군은 위나암성이 바위 위에 세운 성이라 성안에 샘이 없다고 판단한 모양입니다."
"그렇다면 저들이 서둘러 공격하지 않는 것이 그 때문인가?"
"예, 전하, 저들은 성안의 물이 바닥나기를 기다리는 것 같습니다. 하오니 연못에서 잉어를 잡아 적에게 보내어 성안에 물이 많은 것처럼 보이게 하면 어떻겠습니까?"
"좋은 생각이오. 그렇게 하시오."
을두지는 화해를 청하는 편지와 잉어를 함께 한나라 진영에 보냈습니다.
한나라군은 대무신왕이 보낸 잉어를 받고, 성안에 물이 풍부하다고 생각했어요. 그래서 위나암성을 공격하지 않고 한나라로 돌아갔답니다.

➕ 적을 알고 나를 알면 백번 싸워 백번 이길 수 있습니다.
❓ 을두지는 고구려 대무신왕 때 좌보 벼슬을, 송옥구는 우보 벼슬을 지냈습니다.

# 떡을 깨물어 왕이 된 유리

**07 삼국 시대**

신라 남해왕은 둘째 아들인 유리를
몹시 사랑했어요.
그래서 유리를 태자로 삼아서 자신의 뒤를
잇게 할 생각이었지요.
하지만 사위인 탈해의 세력이 커져 가자 은근히 걱정이 되었답니다.
남해왕은 오래 고민하다가 죽기 직전에 이렇게 유언을 남겼어요.
"탈해와 유리는 성품이 온화해서 둘 다 내 뒤를 잇기에 적당하다.
그러니 둘 중에 더 현명한 사람을 왕으로 세우도록 해라."
남해왕이 죽자, 신하들은 탈해 편과 유리 편으로 나뉘었어요.
유리는 신하들이 편을 나누어 다투는 것을 원하지 않았어요. 그래서
탈해에게 왕위를 양보하려고 했답니다. 탈해 역시 신하들이 다투는
것을 원하지 않았어요. 그래서 이런 제안을 했답니다.
"왕의 자리는 아무나 오를 수 없소. 성스럽고 지혜 있는 자는 이가
많다고 하니, 떡을 깨물어서 이가 많은 사람을 왕으로 받듭시다."
신하들은 탈해의 제안대로 하는 것이 바람직하다고 생각했어요.
그래서 유리와 탈해는 신하들이 지켜보는 앞에서 떡을 깨물게
되었답니다.

유리와 탈해가 떡을 깨물자, 신하들이 떡에 찍힌 이의 수를 헤아리기 시작했어요. 수를 하나하나 헤아려 보니 유리의 잇자국이 더 많았어요. 덕분에 유리는 신라의 새로운 왕이 될 수 있었지요. 유리는 자신이 왕이 될 수 있었던 것은 탈해의 덕이라고 생각했어요. 그래서 탈해를 더욱 믿고 의지했답니다.

➕ 양보만 한 미덕은 없습니다. 때로는 양보가 성공의 가장 좋은 방법이기도 합니다.

👤 유리왕(?~57)은 신라의 제3대 왕입니다.

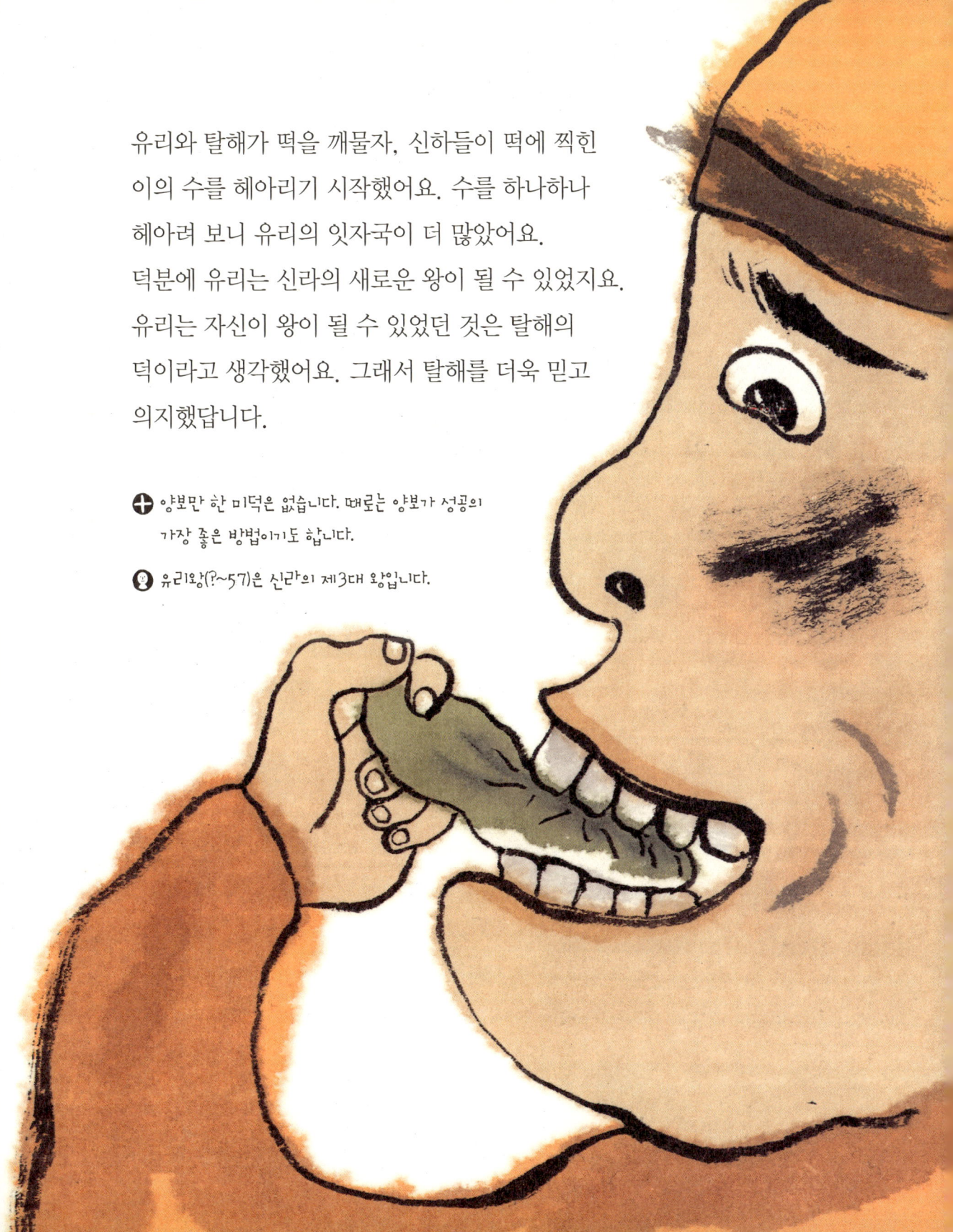

# 08 가야를 세운 수로
**삼국 시대**

낙동강 하류의 마을들을 아홉 족장이 모여 다스리고 있었어요.
어느 날, 그들이 사는 마을의 북쪽 구지봉에서 이런 소리가
들렸어요.
"거기 누구 있느냐?"
족장들은 그 소리를 듣고 이렇게 대답했어요.
"네, 우리가 여기 있습니다."
그러자 다시 이런 소리가 들렸어요.
"나는 하늘의 명령을 받고 이곳에 새 나라를 세우려고 한다.
그러니 나를 맞이하기 위해 노래를 부르고 춤을 추어라."
족장들은 소리가 시키는 대로 노래를 부르고 춤을 추었어요.

거북아, 거북아,
머리를 내밀어라.
내밀지 않으면
구워서 먹을 테다.

노래와 춤이 무르익자, 하늘에서
자주색 끈이 내려왔어요.

그 끈에는 붉은 보자기에 싸인 금빛 상자가 매달려 있었어요.
상자 속에는 금빛 알이 여섯 개 들어 있었지요.
족장들은 그 알들을 가져다가 소중하게 돌보았어요.
며칠 뒤, 알 속에서 여섯 명의 사내아이가 나왔어요.
족장들은 금빛 알에서 나왔다고 해서 아이들에게
김(金)씨 성을 붙였어요. 그리고 가장 먼저 태어난
아이에게는 수로라는 이름도 지어 주었답니다.

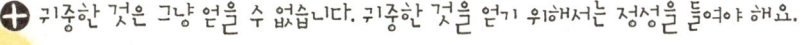
귀중한 것은 그냥 얻을 수 없습니다. 귀중한 것을 얻기 위해서는 정성을 들여야 해요.

수로왕(?~199)은 김해 김씨의 시조이며, 후에 가야를 세웠습니다.

# 연오랑과 세오녀 09
## 삼국 시대

신라 아달라왕 때, 연오랑과 세오녀라는 부부가 있었어요.
이들 부부는 바닷가에서 고기도 잡고 해초도 뜯으며 살았지요.
어느 날, 연오랑은 바닷가에 갔다가 미역이 무성한 바위를 보았어요.
연오랑은 신발을 벗고 미역을 뜯기 위해 바위로 올라갔어요.
미역은 바위에 단단히 붙어 있었어요.
연오랑이 미역을 뜯으려고 힘을 주자, 바위가 움직이기 시작했어요.
바위는 연오랑을 태우고 바다를 건너 왜국으로 갔답니다.
연오랑이 낯선 바닷가에 도착했을 때, 사람들이 달려와 절을 했어요.
"당신은 하늘이 우리에게 보내 주신 분이 분명합니다. 하오니 우리 왕이 되어 주십시오."
왜국 사람들은 연오랑을 왕으로 떠받들었어요.
그 시각, 세오녀는 돌아오지 않는 남편을 찾아 나섰어요.

바닷가를 헤매던 세오녀는 남편의 신발이 놓인 바위를 보았어요.
"아니, 저건 연오랑 님의 신발이잖아."
세오녀가 바위로 올라서자 바위가 움직이기 시작했어요.
바위는 세오녀를 태우고 연오랑을 내려놓았던 그 바닷가로 갔지요.
왜국 사람들은 세오녀를 자신들의 왕에게 데리고 갔어요.
"연오랑 님!"
"아니, 세오녀!"
다시 만나게 된 연오랑과 세오녀는 기뻐서 어쩔 줄을 몰랐어요.
그 후, 연오랑과 세오녀는 왕과 왕비가 되어 오래오래 행복하게 살았답니다.

➕ 천생연분은 하늘에서 짝지어 준 인연을 말합니다.

👤 아달라왕(?~184)은 신라의 제8대 왕입니다.

삼국 시대

# 10 국상이 된 농사꾼 을파소

고구려 고국천왕은 외척들에 의해
정치가 좌지우지되는 것이 싫었어요.
그래서 정치를 바른길로 이끌 참신한
인재를 찾아 나섰다가 안류라는 사람을
알게 되었지요. 안류는 학식이 풍부하고 인품이
뛰어나 백성들의 존경을 한 몸에 받았어요.
고국천왕은 안류를 불러 나랏일을 맡기려고 했어요.
하지만 안류는 을파소라는 사람을 추천하며 벼슬을 사양했답니다.
"전하, 을파소는 유리왕 때의 대신인 을소의 자손으로, 학식과
덕망이 높다고 들었습니다."
"그래, 그 사람은 지금 뭘 하고 있소?"
"농사를 짓고 있다고 들었습니다."
"한낱 농사꾼에게 어찌 나라를 맡길 수 있다는 말이오?"
"전하, 을파소는 자신을 알아주는 왕이 나타나기를 기다리며 숨어
살고 있습니다. 하오니 그에게 나랏일을 맡기십시오."
그래서 고국천왕은 중외대부라는 벼슬을 내리며 정중하게 을파소를
청했어요. 그러나 을파소는 왕의 부름을 일언지하에 거절했어요.
"신은 미련하여 존엄하신 명령을 감당할 수 없으니

대왕께서는 부디 어진 사람을 뽑아 높은 관직을
주시고 큰일을 이루시옵소서."
이 이야기를 전해 들은 고국천왕은 생각했어요.
'예사 인물이 아니로구나. 중외대부라는
벼슬로는 만족하지 못한다 이 말이렷다.'
고국천왕은 을파소에게 나라의 으뜸 벼슬인
국상 자리를 내려 주었어요. 을파소는
비로소 왕이 자신을 신임하는 것을 알고
왕의 부름을 따랐답니다.

➕ 현명한 사람은 자기를 알아주는 사람을 위해 일한다고 했습니다.

💡 을파소(?~203)는 고구려 고국천왕 때의 국상입니다.

삼국 시대 11

# 왕이 된 소금 장수 을불

고구려 봉상왕은 나랏일은 돌보지 않고 사치와 향락에 빠져 살았어요. 그러자 백성들은 봉상왕의 동생 돌고를 더 믿고 따랐답니다.

봉상왕은 돌고가 자신을 쫓아내고 왕이 될까 봐 역모 죄를 덮어씌워 죽였어요. 돌고의 아들 을불은 간신히 죽음을 면했지만, 자신의 신분을 숨긴 채 살아야 했어요.

을불은 음모라는 사람 집에 머슴으로 들어갔어요. 음모는 성질이 아주 고약한 사람이어서 을불은 일 년을 넘기지 못하고 그 집을 나왔답니다. 을불은 그동안 번 돈으로 소금 장사를 시작했어요.

소금을 팔러 다니던 을불은 한 할머니 집에서 하룻밤 신세를 지게 되었어요. 을불은 할머니에게 소금 한 말을 방값으로 주기로 약속했답니다. 그런데 할머니는 소금이 탐이 나서 을불의 짐 속에 자기 신발을 몰래 숨겼어요.

다음 날, 아무것도 모르는 을불은 소금을 팔기 위해 길을 떠났어요.

그러자 할머니가 고래고래 소리를 지르며 따라왔어요.
"저기 저 소금 장수가 내 신발을 훔쳐서 달아난다. 저놈 잡아라!"
할머니는 을불을 신발 도둑으로 몰았어요. 을불은 영문도 모른 채 신발 도둑으로 몰려 매를 맞았답니다. 그뿐만 아니라 장사 밑천인 소금도 다 빼앗기고 말았어요. 졸지에 모든 것을 잃게 된 을불은 거지가 되었어요.
을불이 거지들 틈에 끼어 비참하게 살고 있을 때, 국상 창조리가 그를 찾아왔어요. 창조리는 봉상왕의 횡포를 더 이상 견딜 수 없다고 하면서 을불을 새로운 왕으로 세우겠다고 했어요. 을불이 누구인지 알았던 거지요.
덕분에 을불은 하루아침에 거지에서 왕이 되었어요.
그가 바로 미천왕이랍니다.

➕ 어떤 불행 속에도 행복은 움츠리고 있습니다.
👤 미천왕(?~331)은 고구려의 제15대 왕입니다.

## 12 삼국 시대

# 책 읽는 마부 아직기

백제 아신왕은 왜국과 친하게 지내려고 노력했어요.
고구려를 견제하기 위해서는 왜국의 힘이 필요했기 때문이지요.
아신왕은 왜국 왕에게 잘 보이려고, 백제에서 제일 좋은 말 암수 두 마리를 선물했어요.
말뿐만 아니라 아직기라는 말을 돌보는 마부도 함께 보냈답니다.
그는 말들이 낯선 땅에서 잘 적응할 수 있도록 정성껏 돌보았어요.
때맞추어 사료도 먹이고, 빗질도 하고, 명마가 되는 훈련도 시켰어요. 아직기는 낮에는 일을 하느라 외로운 줄도 몰랐어요.
하지만 밤이 되면 두고 온 가족들 생각에 밤잠을 이루지 못했답니다.
외로움을 달래기 위해서 아직기는 유교 경전을 읽기 시작했어요.

어느 날, 왜국 왕 오오진천황이
지나가다가 아직기가 책
읽는 소리를 듣고 깜짝
놀랐어요.
'아니, 마부가 글을 읽을 줄
알다니……'
다음 날, 오오진천황은 아직기를
불러 이렇게 말했어요.
"짐이 어제 지나가다가 그대가 책
읽는 소리를 들었노라. 마부가 글을
읽을진대, 백제에 학문이 뛰어난 자가 얼마나 많겠는가?"
"그러하옵니다. 왕인이라는 박사가 훌륭하십니다."
오오진천황은 아직기를 태자의 스승으로 삼고, 백제에 사신을 보내
왕인을 초청했어요.
왕인은 일본에 건너가 태자와 일본 학자들에게 유교 경전을
가르쳤어요. 덕분에 일본의 고대 문화인 아스카 문화가 활짝 피어날
수 있었답니다.

➕ 성실한 사람은 누구에게나 인정받는 법입니다.
👤 아직기는 백제 아신왕 때의 학자입니다.

## 13 삼국 시대
## 돌이 된 아내

신라 눌지왕에게는 복호와 미사흔이라는 동생이 있었어요.
복호와 미사흔은 고구려와 왜국에 인질로 잡혀가 있었답니다.
눌지왕은 동생들을 구하기 위해 박제상을 사신으로 보냈어요.
고구려로 건너간 박제상은 장수왕을 설득해 복호를 데리고 왔어요.
"복호가 돌아온 것은 기쁘지만, 미사흔이 아직도 왜국에 있으니
어쩌면 좋단 말인가."
눌지왕의 탄식을 들은 박제상은 서둘러 왜국으로 떠났어요.
박제상은 급히 떠나느라 집에도 들르지 못했어요.
박제상의 아내는 그 소식을 듣고, 치술령이라는 언덕에 올라가
남편이 무사히 돌아오기를 기다렸답니다.
왜국은 고구려와 달리 말이 잘 통하지 않는 나라였어요.
박제상은 신라에서 쫓겨난 것처럼 둘러대며 자신을 거두어 달라고
했어요. 왜국 왕은 기꺼이 그를 받아 주었답니다.
박제상은 미사흔을 만나 탈출 계획을 털어놓았어요.
"나리, 두 사람이 함께 탈출하는 것은 위험합니다. 신이 남아서
저들을 안심시킬 테니, 그 사이에 빠져나가십시오."

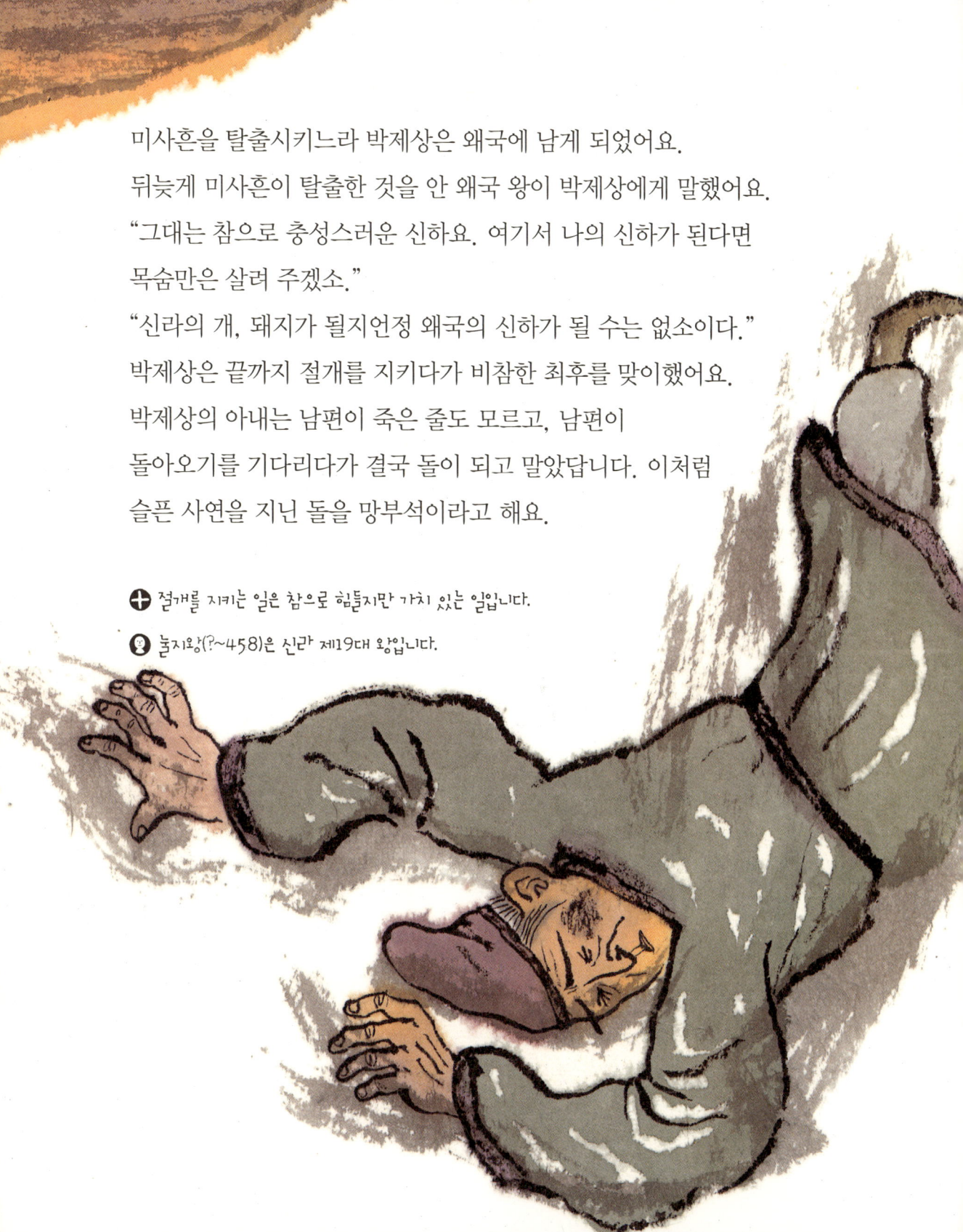

미사흔을 탈출시키느라 박제상은 왜국에 남게 되었어요.
뒤늦게 미사흔이 탈출한 것을 안 왜국 왕이 박제상에게 말했어요.
"그대는 참으로 충성스러운 신하요. 여기서 나의 신하가 된다면 목숨만은 살려 주겠소."
"신라의 개, 돼지가 될지언정 왜국의 신하가 될 수는 없소이다."
박제상은 끝까지 절개를 지키다가 비참한 최후를 맞이했어요.
박제상의 아내는 남편이 죽은 줄도 모르고, 남편이 돌아오기를 기다리다가 결국 돌이 되고 말았답니다. 이처럼 슬픈 사연을 지닌 돌을 망부석이라고 해요.

✚ 절개를 지키는 일은 참으로 힘들지만 가치 있는 일입니다.
♛ 눌지왕(?~458)은 신라 제19대 왕입니다.

# 백결 선생과 방아 타령

*14 삼국 시대*

신라 자비왕 때, 경주 낭산 동리에 백결 선생이 살고 있었어요.
선생은 신라에서 첫손으로 꼽히는 거문고 연주자였는데,
거문고에 너무 몰두한 나머지 생활에는 도통 관심이 없었지요.
그래서 백 번은 더 기운 것 같은 누더기 옷을 걸치고 다녔답니다.
사람들이 그를 백결 선생이라고 부르는 것도 그 때문이었어요.
어느 해, 섣달그믐 날의 일이었어요.
새해가 다가오자 온 동네에 떡방아 찧는 소리가 넘쳐 났어요.
그런데 백결 선생의 집에는 식량이 바닥나고 말았지요.

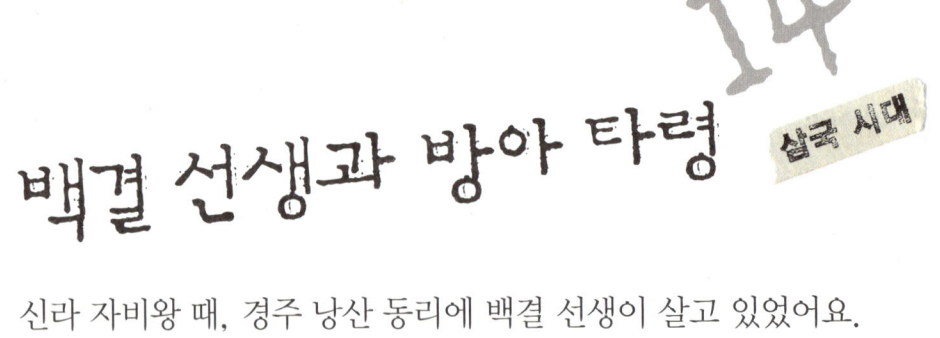

백결 선생의 아내는
너무나 속이 상했어요.
"다른 집은 떡을 한다고
방아를 찧어 대는데,
우리는 당장 먹을 것도
없으니 이를 어쩌면
좋아요."
아내의 푸념을 들은 백결 선생은
마음이 좋지 않았어요.
"세상만사 모든 일이 다 하늘의 뜻에
달렸으니 너무 슬퍼 마오. 그런 의미에서 내가
당신을 위해 떡방아를 찧어 주리다."
"네? 쌀 한 톨도 없는데 떡방아를 찧겠다니요……."
아내는 영문을 모르겠다는 얼굴이었어요.
백결 선생은 거문고를 끌어당겨 무릎에 놓고 아내를 위해
연주를 시작했어요.
"덩더 쿵, 쿵덕, 덩더 쿵, 쿵덕……."
백결 선생이 거문고 줄을 튕길 때마다 떡방아 찧는 소리가 났어요.
백결 선생의 아내는 기가 막혀서 울다가 웃다가 했답니다.

➕ 가난 속에서도 항상 여유로운 마음을 잃지 않는 지혜가 필요합니다.
😊 백결 선생은 신라의 충신 박제상의 아들로 거문고 명인입니다.

## 15 삼국 시대 바둑을 잘 둔 도림

고구려 승려 도림이 죄를 짓고 백제로 쫓겨 왔어요.
백제의 개로왕은 그를 불쌍히 여겨 목숨을 살려 주었어요.
그러자 도림이 개로왕에게 말했어요.
"전하, 전하께오서 바둑을 좋아하신다고 들었습니다. 소인이
소싯적에 바둑을 좀 두었습니다. 하오니 소인과 바둑 한 판 두시는
게 어떻겠습니까?"
바둑을 좋아하는 개로왕은 도림의 실력이 어느 정도인지
궁금했어요. 그래서 도림과 바둑을 두었답니다.
과연 도림은 바둑에 일가견이 있었어요.
"그대를 좀 더 일찍 만났더라면 얼마나 좋았을꼬!"
개로왕은 도림을 곁에 두고 심심할 때마다 바둑을 두었어요.
두 사람은 바둑을 두면서 이런저런 이야기를 주고받았어요.
"전하, 신이 보기에 백제의 궁궐은 너무 초라합니다. 새로 큰
궁궐을 지어 왕실의 권위를 드높이는 게 어떻겠습니까?"
"오, 그거 참 좋은 생각이구려."
개로왕은 도림의 충고를 받아들여 새로운 궁궐을 지었어요.
개로왕이 새 궁궐을 짓느라 많은 돈을 쓰는 바람에
백성들의 생활은 어려워졌답니다.

백제의 창고가 바닥나고, 모든 인력이 궁궐 짓는 데 동원된 틈을 이용해 고구려 장수왕이 쳐들어왔어요.
사실 도림은 장수왕의 명령을 받고 백제로 건너온 첩자였거든요.
이 사실을 알 리 없는 개로왕은 결국 장수왕의 손에 붙잡혀 비참한 최후를 맞이했답니다.

➕ 판단은 언제나 신중히 해야 합니다.
👤 도림은 고구려 장수왕 때의 승려입니다.

# 가짜 맹수로 우산국을 얻은 이사부

삼국 시대 16

신라 장수인 이사부는 소원이 하나 있었어요. 그것은 지금의 울릉도인 우산국을 손에 넣는 것이었지요.
그런데 우산국 사람들은 사납기로 소문이 나 있었어요. 게다가 우산국은 험준한 지세 때문에 접근하기조차 어려웠답니다.
이사부는 이런저런 궁리 끝에 한 가지 꾀를 생각해 냈답니다.
"지금 당장 짐승 모양의 허수아비를 만들도록 하라."
이사부는 사나운 짐승을 닮은 허수아비들을 만들게 한 다음, 여러 척의 배에 나누어 실었어요. 모든 준비가 끝나자 이사부는 배를 이끌고 우산국으로 출발했어요.

이사부는 우산국 앞바다에 다다르자, 이렇게 소리쳤어요.
"지금 이 배에는 맹수들이 가득하다. 만약 너희들이 신라에 항복하지 않는다면 맹수들을 풀어 너희를 모두 잡아먹게 하겠다."
우산국 사람들은 배에 실린 낯선 맹수들을 보고 기겁을 했어요.
"신라에 항복합시다. 괜히 저들과 맞섰다가는 맹수들의 밥이 되고 말 거요."
"그렇게 합시다. 그게 좋겠소."
우산국 사람들은 지레 겁을 먹고 순순히 항복을 했어요.
덕분에 이사부는 전쟁 한 번 치르지 않고 우산국을 손에 넣을 수 있었답니다.

➕ 유능한 전략가는 패하지 않을 태세를 갖춘 뒤에 적을 무찌른다고 했어요. 먼저 계획하고 실천에 옮기도록 하세요.

😀 이사부는 신라 지증왕 때 우산국을 정벌했어요.

# 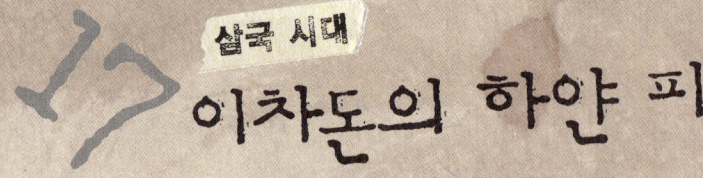 이차돈의 하얀 피

신라 법흥왕은 독실한 불교 신자였어요.
법흥왕은 백성들에게 부처님의 가르침을 널리 펴고 싶었어요.
하지만 귀족들이 불교를 반대했기 때문에 뜻을 이루지 못했지요.
젊은 신하 이차돈은 왕의 근심을 덜어 주고 싶었어요.
그래서 법흥왕을 대신해 절을 짓고 불교를 전하고 다녔어요.
이 사실을 알게 된 귀족들은 이차돈을 잡아 벌하라고 했어요.
법흥왕은 이차돈을 조용히 불렀어요.
"귀족들이 불교를 반대하니 이를 어쩌면 좋단 말인가?"
"귀족들의 반대를 잠재우기 위해서 신을 죽이십시오."
"잘못이 없는 자네를 어찌 죽이란 말인가?"
"전하, 이 땅에 불교를 전할 수 있다면 신은 기꺼이 죽을 각오가 되어 있습니다."
이차돈은 불교를 전하기 위해 순교하겠다는 뜻을 내비쳤어요.
귀족들은 하루가 멀다 하고 몰려와 이차돈을 죽이라고 했어요.
법흥왕은 하는 수 없이 이차돈에게 죽음을 명했답니다.
"부처님은 영험하신 분이니, 신의 죽음을 통해 기적을 보이시어 뜻하는 바를 이루실 겁니다."
이차돈은 이 말을 남기고 세상을 떠났어요.

그런데 이게 웬일인가요? 이차돈이 죽자 그의 목에서 하얀 피가
솟구쳐 오르는 게 아니겠어요?
또 하늘이 캄캄해지더니 빗방울이 꽃잎처럼 나부끼며 떨어졌지요.
지켜보던 사람들은 자기도 모르게 무릎을 꿇었어요.
이차돈의 죽음을 계기로 신라인들은 불교를 받아들이게 되었어요.
불교를 반대하던 귀족들까지도 독실한 불교 신자가 되었답니다.

➕ 자기 몸을 희생해서 뜻하는 바를 이루는 것을 '살신성인'이라고 합니다.
🧑 이차돈(506~527)은 신라 법흥왕 때의 승려입니다.

## 18 황룡사 벽에 그린 솔거의 소나무 그림

**삼국 시대**

신라 진흥왕 때 솔거라는 화가가 있었어요.
솔거는 집안 형편이 어려워서 그림 공부를 제대로 하지 못했지요.
하지만 혼자서 그림 그리는 법을 터득해 훌륭한 화가가 되었답니다.
솔거는 황룡사 벽에 벽화를 그려 달라는 부탁을 받았어요.
무슨 그림을 그릴까 하고 한참을 고민했지요.
'그래, 내가 가장 잘 그리는 소나무를 그리자.'
솔거는 자신이 가장 잘 그리는 소나무를 그리기 시작했어요.
비늘처럼 주름진 줄기와 구불구불한 가지, 그리고 파릇파릇한
솔잎이 순식간에 그림이 되어 나왔답니다.
그런데 그림이 완성된 날부터 이상한 일들이 벌어지기 시작했어요.
참새, 제비, 까치 같은 새들이 벽화 밑에서 죽은 채로 발견된
거예요.
"아니, 이게 어떻게 된 일이지?"
"새들이 소나무 그림을 진짜 소나무로 착각한 게 아닐까?"

그랬어요. 솔거가 그린 소나무 그림이 진짜 소나무 같았던 거예요.
그래서 새들이 날아들었다가 벽에 머리를 부딪친 거지요.
벽화에 대한 소문이 퍼지자, 사람들이 구름 떼처럼 모여들었어요.
사람들은 너도나도 벽화를 들여다보고 만지작거렸어요.
그러다 보니 벽화는 곧 색이 바래졌답니다.
황룡사 주지 스님은 바래 버린 벽화가 눈에 거슬렸어요.
그래서 잘 아는 화가를 불러다가 벽화 위에 덧칠을 하게 했어요.
그런데 그 뒤부터 어찌된 일인지 새들의 발길이 뚝 끊어지고 말았답니다.

➕ 예술 작품에는 예술가의 혼이 담겨 있어 쉽게 따라할 수 없습니다.

❷ 솔거는 신라의 화가로, 황룡사의 〈노송도〉, 분황사의 〈관음보살도〉 등을 그렸으나 지금은 전해지지 않습니다.

## 19 남모를 질투한 준정

*삼국 시대*

신라 진흥왕은 인재 양성을 위해 고민하다가 원화 제도를 만들었어요. 두 명의 아름답고 총명한 여인을 원화로 내세운 뒤, 그들을 따르는 젊은이들 중에서 새로운 인재를 발굴할 생각이었던 거예요.

원화가 조직되자 젊고 패기 있는 젊은이들이 속속 모여들었어요. 젊은이들은 원화와 더불어 자연 속에서 심신을 수련했답니다.

그런데 원화인 준정은 또 다른 원화인 남모를 질투했어요.

'남모가 나보다 인기가 더 많은 것 같아. 남모만 없다면 내가 인기를 한 몸에 차지할 수 있을 텐데……'

준정은 질투에 눈이 멀어 끔찍한 일을 계획하게 되었어요. 준정은 술상을 차려 놓고 남모를 집으로 초대했어요. 남모는 아무것도 모르고 준정이 따라 주는 술을 마셨답니다.

술에 취한 남모는 온몸에 힘이 쭉 빠졌어요.
"나 이제 그만 마실래. 너무 취한 것 같아."
"내가 보기에는 멀쩡한데 뭘 그래. 좀 더 놀다 가."
준정은 집으로 돌아가려는 남모를 붙잡고 억지로 술을 권했어요.
남모는 준정이 따라 주는 대로 술을 마시다가 이내 취해 잠이 들었지요.
준정은 잠이 든 남모를 끌고 가 강물에 빠뜨렸어요.

남모가 죽자, 남모를 따르던 젊은이들이 이 사실을 왕에게 고했어요. 진흥왕은 원화 제도에 문제가 있다고 생각해서 원화를 폐지한 후, 준정을 사형시켰지요. 그러고는 잘생기고 총명한 남자를 뽑아 이름을 화랑이라 하고, 젊은이들이 그를 따라 심신을 수련하게 했어요. 이 단체를 화랑도라 해요.

➕ 다른 사람과 자기 자신을 비교하기보다는 자신만의 장점을 찾도록 노력하세요.
❓ 남모와 준정은 300여 명의 젊은이들을 거느린 원화입니다.

## 20  약속을 지킨 거칠부

신라 귀족인 거칠부는 한때 머리를 깎고 승려가 되었어요.
거칠부는 깨달음을 얻기 위해 전국을 떠돌아다녔답니다.
그러던 어느 날, 거칠부는 신라 국경을 넘어 고구려로 들어가게 되었어요. 그는 그곳에서 혜량이라는 이름 높은 승려를 만났어요.
혜량은 거칠부가 고구려인이 아니라는 사실을 금방 눈치챘어요.
"이보게, 이곳에 있다가 봉변을 당하지 말고 얼른 자네 나라로 돌아가게."
"스님, 제가 고구려인이 아니라는 것을 어떻게 아셨습니까?"
"다 아는 수가 있네."
그러면서 혜량은 이렇게 충고했어요.
"자네가 머리를 깎고 승려 행세를 하고 있지만, 자네는 승려가 아닌 장수가 될 걸세. 훗날 장수가 되어 나와 다시 만나게 되면, 그때 내 부탁을 꼭 들어주게."
신라로 돌아온 거칠부는 혜량의 말대로 장수가 되었어요.
그러던 중, 신라와 백제가 연합해 고구려를 공격하게 되었어요.
고구려로 간 거칠부는 그곳에서 혜량을 다시 만나게 되었지요.
"스님!"

"나를 알아보겠는가?"

"네, 물론입니다."

"고구려는 더 이상 사람 살 곳이 못 되네. 그러니 자네가 나를 신라로 데려가 주게."

거칠부는 기꺼이 혜량의 부탁을 들어주었어요.

신라로 건너온 혜량은 진흥왕의 신임을 얻어 승려에게 주는 승통이라는 높은 관직에 올랐습니다.

✚ 약속은 반드시 지켜야 합니다.

☻ 거칠부(502~579)는 신라 진흥왕 때의 장수로, 으뜸 벼슬인 상대등 자리에까지 올랐습니다.

# 평강 공주와 바보 온달  21 삼국 시대

고구려 평원왕에게는 평강 공주라는 딸이 있었어요. 평강 공주는 눈물이 많아서 걸핏하면 울곤 했어요. 그래서 평원왕은 우는 공주를 달래기 위해 이렇게 농담을 했답니다.
"얘야, 자꾸 울면 바보 온달에게 시집보낸다."
세월이 흘러 평강 공주도 시집갈 나이가 되었어요.
평원왕은 평강 공주를 귀족의 아들과 결혼시키려고 했어요. 그러자 평강 공주가 이렇게 말했어요.
"아바마마, 소녀는 오래 전부터 마음에 품어 온 사람이 있습니다."
"그래? 그 사람이 누구냐?"
"바로 온달 님입니다."
"뭐라고? 지금 네가 아비를 놀리는 게냐?"
"아바마마, 소녀는 진심으로 온달 님과 결혼하고 싶습니다."
평원왕은 너무 화가 나서 평강 공주를 성 밖으로 내쫓았어요.

성을 나온 평강 공주는 온달을 찾아가 결혼하고 싶다고 했어요.
온달은 처음에 평강 공주가 자신을 놀리는 줄 알았어요.
하지만 평강 공주의 진심을 알고 부부의 인연을 맺었답니다.
평강 공주는 성을 나올 때 가지고 온 패물을 팔아 온달을
뒷바라지 했어요. 온달은 평강 공주의 도움을 받아 글공부도 하고
무예도 익혔지요. 그 후, 온달은 훌륭한 장수가 되어 고구려를 위해
싸웠답니다.

+ 겉모습과 지위만으로 사람을 평가해서는 안 됩니다.
- 온달(?~590)은 고구려 평원왕과 영양왕 때의 장수입니다.

## 22 [삼국 시대] 귀신들도 무서워한 비형

신라 제25대 왕인 진지왕은 아름다운 도화녀를 짝사랑했어요.
그래서 죽어 혼령이 된 뒤에도 도화녀의 곁을 맴돌았답니다.
도화녀는 결국 진지왕의 사랑을 받아들였어요.
그리고 그들 사이에서 비형이 태어났답니다.
비형은 어려서부터 남다른 데가 있었어요.
진지왕의 뒤를 이어 왕이 된 진평왕은 비형을 궁궐로 불러 살게 하고
집사라는 벼슬을 주었지요. 그런데 비형은 밤마다 몰래 궁궐을
빠져나갔어요.
진평왕은 이런 사실을 알고 날랜 군사들을 시켜 비형을 감시하게
했답니다.
군사들은 감시 결과를 보고했어요.
"전하, 비형은 밤마다 궁을 나가 귀신들과 어울려 놀다가
새벽종이 치면 그때 다시 궁으로 돌아옵니다."
진평왕은 그 말을 듣고 비형을 불렀어요.
"그대가 귀신들을 데리고 논다는 것이 사실인가?"

"그러하옵니다."
"그럼 어디 귀신들을 시켜 신원사 북쪽 시내에 다리를 놓아 보거라."
비형은 귀신들을 시켜 하룻밤 사이에 다리를 만들었어요.
그러자 진평왕이 신기해하며 이렇게 말했어요.
"혹시 인간 세상에 나와 정치를 도울 만한 귀신이 없겠는가?"
"길달이라는 귀신이 있는데, 그자를 쓰십시오."
진평왕은 비형의 말을 듣고 길달이라는 귀신에게 집사 벼슬을
주었어요. 길달은 나랏일을 잘 돌보았어요.
하지만 귀신이 인간처럼 살 수는 없는 노릇이었어요.
길달은 여우로 둔갑해 도망을 쳤답니다.
이 사실을 알게 된 비형은 귀신들을 시켜 길달을 잡아 죽였어요.
그 뒤, 귀신들은 비형을 두려워하게 되었답니다.

➕ 자신에게 맞는 일을 찾아 열심히 하는 것이 좋습니다.
❓ 비형은 신라 진지왕과 도화녀의 아들입니다.

# 서동과 선화 공주

23 삼국 시대

백제 무왕의 어릴 때 이름은 장이었어요.
장은 홀어머니와 함께 남지라는 연못 근처에서 살았어요. 장은 자신이 왕족인 줄도 모르고 마를 캐서 팔아 생활했답니다.
동네 사람들은 장을 서동이라고 불렀어요. 서동은 마를 캐는 아이라는 뜻이랍니다.
서동은 신라 진평왕의 셋째 딸인 선화 공주가 아름답다는 소문을 들었어요. 선화 공주가 보고 싶었던 서동은 몰래 국경을 넘었어요. 신라로 건너간 서동은 생각했던 것보다 훨씬 더 아름다운 선화 공주를 보고 첫눈에 반했어요.
'선화 공주님을 내 곁에 두고 싶다. 무슨 좋은 방법이 없을까?'
며칠을 고민하던 서동에게 마침내 좋은 생각이 떠올랐어요.

서동은 동네 아이들에게 마를 나누어 주며 이런 노래를 부르게
했어요.

선화 공주님은
남몰래 시집을 가서
서동의 방을
밤에 몰래 들락거리네.

서동요를 듣게 된 진평왕은 화가 나서 선화 공주를 궁궐에서
내쫓았어요. 궁궐에서 쫓겨난 선화 공주는 어디로 가야할지
몰랐어요. 그때 서동이 나타나 선화 공주에게 모든 사실을 솔직하게
고백했어요. 선화 공주는 서동을 따라 백제로 건너가 부부가
되었어요. 훗날 서동은 백제의 왕의 자리에 올라 두 사람은 행복하게
잘 살았답니다.

➕ 원하는 것을 이루기 위해서 노력하다 보면 원하던 결과를 얻을 수 있습니다.

👤 무왕(?~641)은 백제의 제30대 왕입니다.

## 삼국 시대
# 24 선덕 여왕과 향기 없는 꽃

진평왕이 죽자, 진평왕의 둘째 딸인 덕만이 왕이 되었어요. 그가 바로 신라 제27대 왕인 선덕 여왕이랍니다. 선덕 여왕은 왕위에 오르자마자, 당나라에 사신을 보내 자신의 즉위 사실을 알렸어요. 당나라 태종은 여자가 왕이 된 것을 못마땅하게 여기면서도, 왕의 즉위를 축하하기 위해 신라에 사신을 보냈답니다. 사신은 선덕 여왕에게 태종이 보낸 선물을 전했어요.

"황제께오서 여왕님께 꽃 중의 왕이라고 불리는 모란꽃 그림과 꽃씨를 선물하셨습니다."

탐스럽고 화려한 모란꽃들은 과연 꽃 중의 왕이라 불릴 만도 했어요.
그런데 선덕 여왕은 기뻐하는 기색 없이 이렇게 말했어요.
"이 그림 속의 꽃은 아름답기는 하나, 향기가 없을 것이오.

꽃씨를 뜰에 심어 보시오.'
선덕 여왕의 명대로 꽃씨는 뜰에 심어졌어요. 시간이 흘러 꽃이 피었는데, 놀랍게도 정말 꽃에서 향기가 나지 않았어요. 신하들이 놀라며 어왕께 묻자, 선덕 여왕이 대답했지요.
"꽃에는 으레 벌과 나비가 따르기 마련인데, 이 그림 속에는 벌과 나비가 없소. 이것은 당나라 태종이 내가 여자이고, 또 배우자도 없음을 업신여기고 있음을 뜻하는 것이오."
이 이야기를 전해 들은 당나라 태종은 더 이상 선덕 여왕을 여자라고 무시하지 않았답니다.

➕ 지혜로운 사람은 모두의 존경을 받습니다.

👤 선덕 여왕(?~647)은 신라의 제27대 왕입니다.

# 말의 목을 벤 김유신   25  삼국 시대

신라의 장군 김유신이 화랑일 때의 일입니다. 김유신은 호기심에
이끌려 기방을 찾았다가 천관녀라는 기생을 알게 되었어요.
천관녀는 아름다울 뿐만 아니라 학식도 풍부했어요.
김유신과 천관녀는 말이 아주 잘 통했어요. 김유신은 하루라도
천관녀를 보지 않으면 못 견딜 것 같았지요. 그래서 매일같이
천관녀의 집을 드나들었어요.
이 소문은 곧 김유신의 어머니 귀에 들어가게 되었어요.
"아드님, 학문에 힘쓸 나이에 한눈을 파신다지요? 다시 한 번 그
기생 아이를 찾아갔다가는 이 어미와 인연을 끊어야 할 겁니다."
김유신은 어머니의 호된 꾸지람을 듣고 느끼는 바가 있었어요.
"어머니, 소자가 잘못했습니다. 한 번만 용서해 주십시오."
김유신은 어머니 앞에서 천관녀를 만나지 않겠다고 맹세하고
그날부터 천관녀의 집을 찾지 않았어요.
하지만 김유신은 천관녀를 만날 수 없어서 너무 괴로웠어요.
그래서 괴로움을 잊으려고 술을 잔뜩 마셨답니다.
술에 취한 김유신은 집으로 돌아오는 길에 깜빡 잠이 들었어요.
잠이 깨었을 때, 김유신은 자신이 천관녀의 집 앞에 있다는
사실을 깨달았어요.

'아니, 내가 왜 여기 있지?'
그 순간, 김유신은 자신의 말이 평소 습관대로 천관녀의 집으로 향한 것을 깨달았어요.
"감히 네가 주인의 뜻을 거스르다니, 용서할 수 없다."
김유신은 그 자리에서 말의 목을 베었어요.
그리고 두 번 다시 천관녀의 집 앞에는 얼씬도 하지 않았답니다.

➕ 자신과의 약속을 지키는 것은 중요합니다.

👤 김유신(595~673)은 신라의 명장으로, 삼국 통일의 기반을 닦았습니다.

## 26 [삼국 시대] 하늘에 별을 올린 김유신

신라 선덕 여왕 때, 상대등이라는 으뜸 벼슬을 지내고 있던 비담이 반란을 일으켰어요.

선덕 여왕은 반란군을 제압하기 위해 김유신을 내보냈답니다.

김유신이 이끄는 진압군은 궁궐 밖 월성에 진을 치고 반란군과 맞서 싸웠어요.

싸움은 열흘이나 계속되었답니다.

그러던 어느 날, 하늘에서 빛나던 큰 별이 월성으로 떨어졌어요.

비담은 별이 떨어지는 것을 보고 이렇게 말했어요.

"월성으로 별이 떨어지는 것을 보았는가? 이는 여왕의 군대가 패할 징조다."

비담은 승리를 자신했어요.

반란군의 사기가 높아지자, 진압군은 싸울 의욕을 잃고 말았어요.

'이대로 당할 수는 없어. 무슨 좋은 방법이 없을까?'

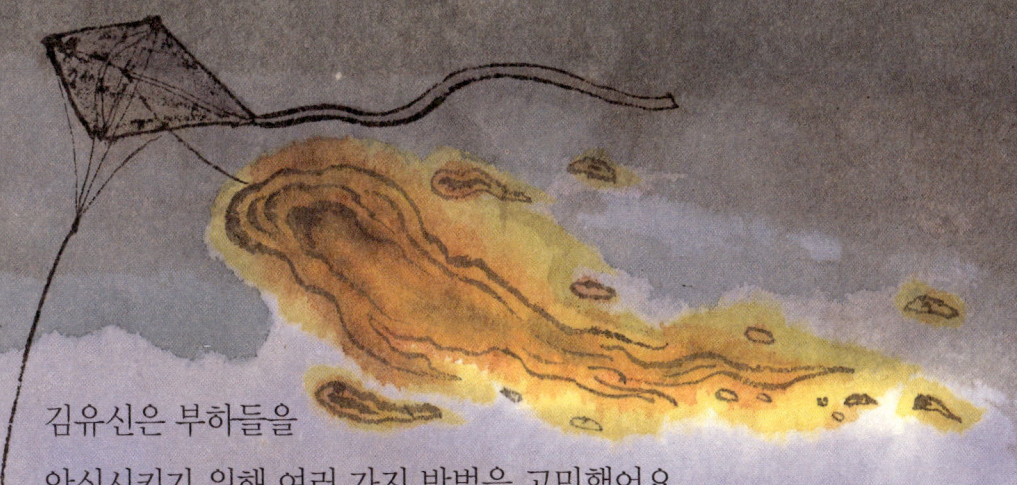

김유신은 부하들을 안심시키기 위해 여러 가지 방법을 고민했어요.
그때 김유신에게 좋은 꾀가 떠올랐답니다.
김유신은 아무도 모르게 허수아비를 만들어 커다란 연에 매달았어요. 그런 다음, 밤이 되기를 기다렸다가 허수아비에 불을 붙여 하늘로 띄웠지요. 연이 날아오르는 모습은 떨어진 별이 다시 하늘로 올라가는 것처럼 보였어요.
아침이 밝자, 김유신이 군사들을 불러 놓고 말했어요.
"어젯밤에 떨어졌던 별이 다시 하늘로 올라갔다. 그러니 승리는 우리의 것이다."
김유신의 말에 진압군들은 큰 용기를 얻어 순식간에 반란군을 제압할 수 있었답니다.

➕ 운명의 여신은 용기 있는 자를 돕는다고 했습니다. 어려운 일을 당하더라도 포기하지 않고 노력하면 운명을 바꿀 수 있습니다.

❓ 김유신(595~673)은 삼국 통일을 이루는 데 크게 공헌했습니다.

삼국 시대 27

# 비단 치마를 주고 산 꿈

김유신에게는 보희와 문희라는 여동생이 있었어요.
어느 날 아침, 보희가 문희에게 간밤에 꾼 꿈 이야기를 했답니다.
"얘, 내가 어젯밤에 산에 올라가서 오줌을 누는 꿈을 꾸었는데……
글쎄, 서라벌이 온통 오줌 바다가 되었지 뭐야."
보희는 별 망측한 꿈을 다 꾸었다고 했어요.
그런데 문희의 생각은 조금 달랐어요.
"언니, 그 꿈 나한테 팔지 않을래?"
"이깟 꿈은 사서 뭐 하게?"
"언니, 내가 아끼는 비단 치마 언니한테 줄게. 그러니까
그 꿈 나한테 팔아라, 응?"

문희는 막무가내로 보희를 졸라서 꿈을 샀어요. 그 일이 있은 지 얼마 지나지 않아서 김유신의 집에 김춘추가 놀러왔어요. 김춘추와 김유신은 공놀이를 하면서 놀았는데요, 신나게 놀다 보니 김춘추의 옷고름이 떨어지고 말았어요. 김유신은 보희를 불러 김춘추의 옷고름을 달아 달라고 했어요. 하지만 보희는 부끄럽다며 다른 방으로 가 버렸고, 문희가 대신 김춘추의 옷고름을 달아 주었답니다. 김춘추는 바느질을 하는 문희를 눈여겨보았어요. 문희도 믿음직한 김춘추에게 마음이 끌렸죠. 얼마 후, 두 사람은 서로 사랑하게 되었어요. 훗날 김춘추는 왕이 되어 태종 무열왕이 되었고, 문희는 왕후의 자리에 올라 문명 왕후가 되었답니다.

➕ 행운은 앉아서 기다리는 사람에게 찾아오지 않습니다. 행운을 바란다면 행운을 찾아 나서야 합니다.

👤 문명 왕후는 신라 제29대 왕인 태종 무열왕의 왕비입니다.

## 28 앞날을 내다본 성충
### 삼국 시대

성충이 젊었을 때, 예나라가 백제로 쳐들어왔어요.
백제인들은 모두 한마음 한뜻이 되어 예나라에 맞서 싸웠답니다.
예나라 장수는 백제인의 단결된 모습을 보고 꾀를 냈지요. 예나라 장수는 사신을 보내 화해를 청하는 척했어요.
"우리 장군께서 그대들의 노고를 위로하고자 약간의 음식을 보내셨소."
사람들이 기뻐하며 궤를 열려고 하자, 성충이 궤를 빼앗아 불 속으로 밀어 넣었답니다.
"아니, 이게 무슨 짓이냐?"
"여러분, 궤 안에 정말로 음식이 들어 있다고 생각하십니까?"
성충은 이렇게 말하며 반쯤 불에 탄 궤를 열었어요. 그러자 궤 안에서 타 죽은 땅벌들이 나왔어요.
"적이 무엇 때문에 우리에게 음식을 보내겠습니까?"
성충의 말을 듣고, 사람들은 자신들이 속았다는 것을 깨달았어요.
다음 날, 또다시 예나라 사신이 찾아왔어요.
"어제 일은 정말 미안합니다. 사과의 뜻으로 맛있는 음식을 해 왔으니, 의심나시면 어제처럼 또다시 궤를 불 속에 던져 넣으십시오."

사람들은 어떻게 해야 좋을지 몰라 성충을 바라보았어요.
그러자 성충이 말했어요.
"여러분, 이번에는 궤를 열어 보셔도 됩니다.
하지만 절대로 불 속에 넣으면 안 됩니다."
사람들이 그 말을 듣고 궤를 열어 보았더니,
그 안에는 화약이 가득 들어 있었어요.
예나라 장수는 이 이야기를 전해 듣고
성충이 있는 한 다시는 백제를 넘보지
않겠다고 하면서 돌아갔답니다.

➕ 지혜로운 사람은 앞날을 내다보기 마련입니다.
👤 성충(?~656)은 백제 의자왕 때의 충신입니다.

삼국 시대

## 29 원효와 해골 물

　신라 문무왕 때, 원효라는 유명한 승려가 있었어요.
원효는 더 많은 공부를 하기 위해 당나라로 유학을 떠났답니다.
원효는 당나라로 가는 길에 한 동굴에서 잠을 자게 되었어요.
자다 보니 갑자기 목이 말랐어요.
원효는 잠결에 손을 뻗어 머리맡을 더듬더듬했어요.
그때 그릇이 손에 닿았어요.
원효는 잠결에 일어나서 그릇에 담긴 물을 벌컥벌컥 들이켰어요.
물은 시원하고 달고 맛이 있었어요.
다음 날, 잠에서 깬 원효는 간밤에 마셨던 물이 생각났어요.
그래서 다시 머리맡을 더듬거렸답니다.
그랬더니 그릇 같은 것이 손에 닿았어요.
원효는 생각 없이 그릇을 끌어당겼다가 깜짝 놀라고 말았어요.
그릇이라고 생각했던 것이 다름 아닌 해골이었기 때문이에요.
'그렇다면 지난밤에 내가 마신 것이 해골에 담긴 썩은 물이었단 말인가!'
원효는 속이 울렁거려서 참을 수가 없었어요.

'그렇게 맛있던 물이 알고 나니
이렇게 역겹다니…….'
그 순간, 원효는 한 가지 깨달은 것이 있었어요.
'그래, 모든 것은 마음먹기 나름이야. 진리는 멀리 있는
게 아니라 내 마음 속에 있는 거라고…….'
원효는 해골에 담긴 물을 마시고 큰 깨달음을 얻었답니다.

✚ 모든 일은 스스로 마음먹기에 따라 달라진답니다.

◉ 원효(617~686)는 신라의 위대한 승려로, 우리나라에 불교를 널리 알리는 데 힘썼어요.

# 30 계백과 관창의 황산벌 전투

**삼국 시대**

의자왕 때, 신라와 당나라 연합군이 백제로 쳐들어왔어요.
의자왕은 근위 대장인 계백에게 나가 싸울 것을 명했답니다.
계백은 오천 명에 달하는 결사대를 조직해 황산벌로 갔어요.
그런 다음, 계백은 두려움에 떨고 있는 부하들을 독려했어요.
"우리가 죽을 각오로 싸우면 반드시 적을 물리칠 수 있을 것이다."
계백의 말에 힘을 얻은 백제군은 숫적인 열세에도 불구하고 나당 연합군을 상대로 네 번을 싸워서 네 번 다 이겼답니다.
백제군은 승리할 수 있다는 자신감에 불타 있었어요.
그때 신라 화랑인 관창이 백제군을 상대로 싸우겠다고 덤비다가 사로잡혔어요.
계백은 아들 같은 관창을 차마 죽일 수가 없었어요.
"아직 어린아이이니 그냥 돌려보내도록 하라."
계백은 관창을 말 등에 묶어 신라 진영으로 되돌려 보냈어요.
하지만 관창은 또다시 백제를 공격하러 왔답니다.

백제군은 이번에도 관창을 사로잡았어요.
백제군이 관창을 다시 돌려보내려고 하자, 관창이 되돌아가지 않겠다며 버텼어요.
"싸울 때는 절대 물러나서는 안 된다고 배웠습니다. 하오니 되돌려 보내시려거든 차라리 저를 죽이십시오!"
관창은 명예롭게 죽었어요.
이 소식이 전해지자, 신라군이 벌떼처럼 들고일어났어요.
"관창의 죽음을 헛되게 할 수 없다. 가자. 가서 싸우자!"
백제군은 나당 연합군을 상대로 있는 힘을 다해 싸웠지만 역부족이었어요. 결국 계백이 이끄는 결사대는 황산벌에서 최후를 맞고 말았답니다.

✚ 맡은 일에 최선을 다하는 사람이야말로 용기 있는 사람입니다.
👤 계백(?~660)은 백제 의자왕 때의 장수이고, 관창(645~660)은 신라 태종 무열왕 때의 화랑입니다.

삼국 시대 31

# 낙화라 불린 삼천 궁녀

백제 의자왕은 효성이 지극한 왕이었어요. 백성들을 친자식처럼 알뜰살뜰 잘 돌보는 인자한 왕이기도 했지요.
한편으로 의자왕은 왕권을 강화하기 위해 영토 확장에 나섰어요. 신라를 상대로 싸워서 한 번도 패한 적이 없었지요.
그러자 의자왕은 자만심에 빠져 나랏일을 소홀히 하기 시작했답니다. 의자왕은 듣기 좋은 소리만 하는 간신들을 옆에 두었어요. 그러고는 그들과 어울려 나랏일은 돌보지 않고 날마다 술만 마시고 삼천 명이나 되는 궁녀들과 어울려 놀기에 바빴답니다.
의자왕이 방탕한 생활을 하는 동안, 신라가 힘을 키워 백제로 쳐들어왔어요. 적군은 황산벌을 지나 백제의 수도 사비성으로 들이닥쳤어요.
의자왕은 왕자와 함께 간신히 도망쳤어요.
하지만 왕의 시중을 들던 궁녀들은 오도 가도 못했지요.
앞에서는 적이 몰려오고, 뒤에는 낭떠러지가 있어서 더 이상 물러날 곳이 없었기 때문이에요.
사방에서 연기와 불꽃이 치솟고 비명 소리가 들렸어요.

궁녀들은 우왕좌왕하며 어쩔 줄을 몰랐어요.
그때 한 궁녀가 낭떠러지 끝에 올라가 말했어요.
"살아서 치욕스러운 일을 겪느니 차라리 죽고 말겠어."
궁녀는 치마를 머리에 뒤집어쓰고 강물로 뛰어내렸어요.
궁지에 몰린 다른 궁녀들도 앞을 다투어 강물로 뛰어들었어요.
'삼천 궁녀가 꽃잎처럼 떨어진 바위'라고 해서 후세 사람들은
이 바위를 낙화암이라고 부른답니다.

✚ 자만과 방탕은 불행한 결과를 낳게 마련입니다.
✚ 의자왕은 백제의 제31대 마지막 왕입니다.

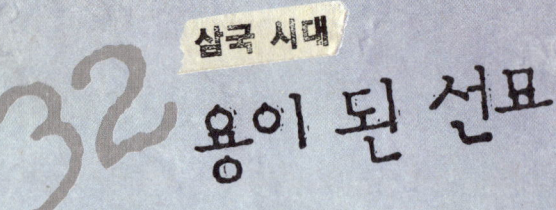

# 32 용이 된 선묘
**삼국 시대**

의상이 당나라에 가서 유학할 때의
일이었어요.
의상은 등주에 있는 어느 집에서 신세를 지게 되었답니다.
그 집에는 선묘라는 딸이 있었는데, 그녀는 의상을 사모했어요.
"스님, 저와 혼인해 주십시오."
"소승은 이미 부처님께 귀의한 몸입니다."
의상은 선묘의 마음을 받아줄 수가 없었어요.
선묘는 의상이 뭐라고 하든지 그저 조용히 옆에서 그를
뒷바라지했답니다.
의상이 유학 생활을 끝내고 신라로 돌아가려고 할 때였어요.
선묘는 의상을 따라가고 싶었지만 그럴 수가 없었답니다.
"부처님! 소녀, 다음 생에는 용으로 태어나고 싶습니다. 용이
되어서라도 스님을 지켜드리고 싶습니다."
의상을 따라갈 수 없었던 선묘는 바다에 몸을 던졌어요.
부처는 그런 선묘를 가엾게 여겨 용으로 태어나게 해 주었답니다.
용이 된 선묘는 의상을 따라 신라로 건너갔어요.
신라에 도착한 의상은 봉황산 기슭에 절을 지으려고 했어요.

하지만 봉황산에서 살던 도둑들이 절을 짓지
못하도록 의상을 겁주었어요.
의상이 위기에 빠진 것을 본 선묘는 커다란 바위로 변했어요.
바위로 변한 선묘는 공중을 오르락내리락하며 도둑들을
위협했지요.
그러자 놀란 도둑들이 걸음아 날 살려라 하고 달아났답니다.
덕분에 의상은 봉황산 기슭에 절을 지을 수가 있었어요.
절이 완공되자, 의상은 절 이름을 부석사라고 지었어요.
부석은 '떠 있는 돌'이라는 뜻이랍니다.

✚ 간절한 소망은 기적을 가능하게 합니다.
❂ 의상(625~702)은 통일 신라의 승려로,
화엄종을 창시했습니다.

삼국 시대 33

# 아사달과 아사녀

옛날 백제 땅에 아사달과 아사녀 부부가 살고 있었어요.
아사달은 돌을 깎아 아름다운 조각품을 만드는 석공이었어요.
어느 날, 아사달은 불국사 뜰에 세울 탑을 만들어 달라는 부탁을
받았어요. 아사달은 아사녀를 남겨 두고 신라의 서울인 서라벌로
떠났답니다.
아사녀는 아사달이 돌아오기를 손꼽아
기다렸어요.
하지만 3년이 지나도록 아사달에게서는 아무
소식이 없었어요.
아사달이 너무 보고 싶었던 아사녀는
사람들에게 물어물어 불국사로
찾아갔어요. 하지만 아사녀는 아사달을
만날 수 없었답니다.
문지기가 버티고 서서
아무도 못 들어가게
했기 때문이에요.

"탑이 완성될 때까지는 아무도 들어갈
수 없습니다. 하오니 절 아래 있는
영지라는 연못에서 기다리십시오. 탑이 완성되면 영지에 그림자가
비칠 것입니다."
아사녀는 매일같이 영지에 나가서 탑이 완성되기를 빌었어요.
하지만 아무리 기다려도 탑 그림자는 보이지 않고, 심지어 아사달이
신라 공주와 결혼한다는 소문까지 들려왔어요.
기다림에 지친 아사녀는 연못으로 뛰어들어 죽고 말았답니다.
한편 탑을 완성한 아사달은 아사녀가 왔다는 소식을 듣고 부리나케
영지로 달려갔어요. 하지만 아사녀는 그 어디에도 없었어요.
뒤늦게 아사녀가 죽은 것을 안 아사달은 슬피 울었어요.
아사달은 슬픔을 이기지 못해 곧 아사녀의 뒤를 따랐습니다.

➕ 아름다운 예술품에는 장인들의 열정과 고결한 희생이 숨어 있답니다.

❔ 아사달은 백제의 석공으로, 석가탑을 만들었습니다.

**통일 신라 시대**

## 34 바닷속에서 나라를 지킨 문무왕

신라 문무왕은 부처에게 빌어 왜구를 물리치려고 바닷가에 절을 짓게 했어요. 하지만 절의 완공을 보지 못하고 숨을 거두었답니다. 문무왕은 죽기 직전에 지의법사에게 이런 유언을 남겼어요.

"내 시신을 화장해 동해에 묻어 주시오. 그렇게 하면 내가 용이 되어 이 나라를 지킬 것이오."

지의법사는 문무왕의 유언에 따라 유골을 화장해 동해 앞바다에 뿌렸어요. 지금의 대왕암 자리가 바로 그곳이지요.

지의법사는 문무왕의 아들인 신문왕과 함께 절을 완공했어요. 신문왕은 아버지의 은혜를 생각하며 절 이름을 감은사라고 지었답니다.

그로부터 약 천 년 후, 임진왜란이 일어났어요. 왜구들은 감은사에 있는 진귀한 보물들을 약탈했답니다. 감은사에는 크기가 일반 종의 서너 배나 되는 대종이 있었어요. 왜구들은 이 대종이 탐이 나서 일본으로 가져가려고 했어요.

왜구들이 대종을 배에 싣고 바다로 나가자, 갑자기 마른하늘에서 천둥과 번개가 치고 폭풍이 휘몰아쳤어요.

"아니, 이게 무슨 일이지?"

놀란 왜구들이 우왕좌왕했어요. 그 바람에 배가 한쪽으로 심하게 기울어졌어요. 결국 배는 바다에 침몰하고 말았답니다.
그런데 참 이상한 일이죠? 대종을 실은 배가 침몰한 곳은 다름 아닌 대왕암이 있는 바다 밑이었거든요. 혹시 문무왕이 대종을 지키기 위해 폭풍을 일으킨 것은 아닐까요?
지금도 대왕암 앞바다에 파도가 심하게 치는 날이면 바닷속에서 종소리가 들린다고 합니다.

✚ 죽어서도 자신이 한 약속을 지킨 문무왕의 나라 사랑이 아름답습니다.
😊 문무왕(?~681)은 신라 제30대 왕으로, 삼국 통일을 이룩했습니다.

# 평화의 선물, 만파식적

35 통일 신라 시대

신라 신문왕이 점쟁이를 불러 물었어요.
"동해에 있던 작은 섬 하나가 감은사 쪽으로 떠내려왔네. 이게 무슨 징조인가?"
그러자 점쟁이가 대답했어요.
"전하, 소인의 생각으로는 돌아가신 문무왕과 김유신 장군께서 전하께 값진 보물을 주려고 하시는 것 같습니다. 하오니 어서 가 보십시오."
신문왕은 그 말을 듣고 기뻐하며 동해 바다로 갔어요.
동해 바다에는 거북이 머리처럼 생긴 섬이 하나 떠 있었어요.

섬의 꼭대기에는 신기한 대나무가 한 그루 자라고 있었답니다. 이 대나무는 낮이면 갈라져 둘이 되고, 밤이면 합쳐져 하나가 되었어요. 신문왕이 대나무를 보기 위해 배를 타고 섬으로 건너가자 어디선가 검은 용이 나타났어요.
신문왕이 용에게 물었어요.
"이 대나무는 떨어졌다가 합쳐졌다가 한다는데, 그 이유가 무엇인가?"
"한 손으로는 소리가 나지 않지만, 두 손을 마주치면 소리가 나는 것과 같은 이치이옵니다. 전하, 이 대나무로 피리를 만드십시오."
"피리를 만들어서 무엇하려고?"
"이 대나무로 피리를 만들어 불면 오래도록 평화를 누리실 수 있을 겁니다."
신문왕은 대나무를 베어 피리를 만들게 했어요.
그리고 만파식적이라는 이름도 지어 주었지요.
만파식적이 생긴 뒤로는 이웃 나라들이 신라를 넘보지 못했어요.
덕분에 신라에는 평화로운 날들이 오래 계속되었답니다.

➕ 죽은 뒤에도 나라를 걱정하는 조상들의 마음에 감사해야겠습니다.

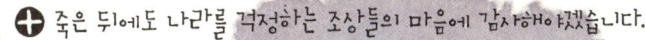

신문왕(?~692)은 신라 제31대 왕으로, 문무왕의 아들입니다.

## 36. 석굴암·불국사에 담긴 김대성의 효심

**통일 신라 시대**

신라 경덕왕 때, 모량리에 대성이라는 효심 지극한 아이가 살았어요. 어느 날, 대성의 어머니가 일하는 복안의 집에 점개라는 스님이 찾아왔어요.
스님이 시주를 청하자, 복안은 베 50필을 기꺼이 시주했답니다.
그러자 스님이 고맙다고 하면서 이렇게 말했어요.
"신도님은 베푸는 것을 좋아하시니, 부처님께서 몇 배로 부자가 되게 해 주실 것입니다."
문밖에서 이 이야기를 들은 대성이 어머니에게 말했어요.

"어머니, 부처님께 하나를 드리면 만 배를 얻는대요. 우리가 이렇게 가난한 것은 전생에 선한 일을 하지 않아서 그런가 봐요."

그러면서 대성은 얼마 전 일한 대가로 받은 땅을 절에 시주하자고 했어요. 어머니는 대성의 말을 듣고 깨달은 것이 있어서 아들이 시키는 대로 했답니다.

그런데 얼마 뒤, 대성이 그만 죽었어요.
대성이 죽던 날, 재상 김문량의 집에서는
이런 소리가 들렸어요.
"모량리의 대성이라는 아이가 너의 집에서
다시 태어날 것이다."
얼마 후, 김문량의 아내가 아이를 가졌고, 열
달 뒤에 잘생긴 아들을 낳았어요. 아기는
태어날 때, 대성이라는 이름이 새겨진 금패를
손에 꼭 쥐고 있었어요. 그래서 김문량은
죽은 대성이 자신의 집에서 다시 태어난
것을 믿게 되었답니다. 김문량은 홀로 된
대성의 어머니를 데려다가
한집에서 살았어요.
어른이 된 김대성은 전생의 부모와
이생의 부모를 위해 절을 하나씩
지었어요. 김대성이 전생의 부모를 위해
세운 절이 석굴암이고, 이생의 부모를 위해
지은 절이 바로 불국사랍니다.

➕ '죄는 지은 데로 가고 덕은 닦은 데로 간다.'라고 했습니다.
　　덕을 닦는 사람은 복을 받습니다.

👤 김대성(700~774)은 통일 신라 경덕왕 때의 재상입니다.

## 37 두 개의 태양과 월명사의 도솔가

[통일 신라 시대]

신라 경덕왕 때, 하늘에 두 개의 태양이 나타났어요.
두 개의 태양은 열흘이 되어도 사라지지 않았어요.
경덕왕은 걱정이 되어 어찌할 바를 몰랐어요.
그때 점쟁이가 이렇게 말했어요.
"전하, 인연이 있는 스님에게 도움을 청하십시오."
경덕왕은 다른 방법이 없었기 때문에 점쟁이의 말을 따르기로
했어요. 경덕왕은 청양루라는 누각에 올라 스님이 지나가기를
기다렸어요. 그때 월명사가 천백사 남쪽 길로 지나가는 것이
보였답니다.
월명사는 사천왕사라는 절의 스님으로, 피리를 아주 잘 불기로
소문이 나 있었어요. 언젠가 월명사가 피리를 불며 밤길을 지나가자,
달이 스님을 위해 움직임을 멈출 정도였지요.

경덕왕은 월명사를 불러 도움을 청했어요.
월명사는 부처님의 힘을 빌리고자 도솔가를 지었어요.

오늘 여기에서 산화가를 부르며
한 송이 꽃을 날려 보낸다.
곧은 마음이 시키는 것이니
미륵불을 맞이하여라.

도솔가를 듣고 감동한 부처님은 두 개의 태양을 원래대로
돌려놓았어요. 이 일로 월명사는 모든 사람의 존경을 한 몸에 받게
되었답니다.

➕ 혼자서 할 수 없는 일이 있을 때는 누군가의 도움을 받아 보세요.
👤 월명사는 신라 경덕왕 때의 승려로, 〈도솔가〉와 〈제망매가〉 등의 향가를 지었습니다.

# 38 에밀레종 이야기

**통일 신라 시대**

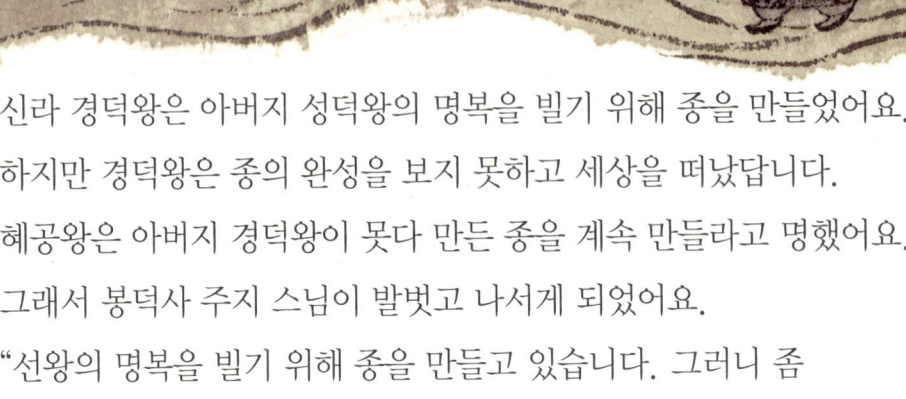

신라 경덕왕은 아버지 성덕왕의 명복을 빌기 위해 종을 만들었어요.
하지만 경덕왕은 종의 완성을 보지 못하고 세상을 떠났답니다.
혜공왕은 아버지 경덕왕이 못다 만든 종을 계속 만들라고 명했어요.
그래서 봉덕사 주지 스님이 발벗고 나서게 되었어요.
"선왕의 명복을 빌기 위해 종을 만들고 있습니다. 그러니 좀 도와주십시오."
스님은 집집마다 돌아다니며 시주를 청했어요. 부잣집, 가난한 집 할 것 없이 모두 시주할 것을 내어놓았답니다. 그런데 한 집에서만은 시주를 거절했어요.
"스님, 입에 풀칠하기도 어려운 마당에 시주라니요. 가진 것은 이 아이뿐이니, 원하신다면 이 아이라도 데리고 가십시오."
집주인의 농담 섞인 말에 스님은 빈손으로 물러났어요.
그날 밤, 스님의 꿈속에 부처가 나타났어요.
"너는 어찌하여 아이를 마다했느냐. 그 아이가 없으면 종을 완성할 수 없으니 그리 알거라."
다음 날, 스님은 아이의 집을 다시 찾아갔어요.

"보살님, 아이를 데리러 왔습니다."
"스님, 종 만드는 데 아이가 무슨 필요가 있다고 이러십니까.
안 됩니다. 그리는 못합니다!"
스님은 한참을 실랑이한 끝에 아이를 품에 안았어요.
얼마 뒤, 아이는 종을 만드는 쇳물 속에 던져졌어요.
그리고 성덕 대왕 신종이 완성되었지요.
그 후 종을 칠 때마다 아이 울음소리
같은 '에밀레, 에밀레에……'
하는 소리가 났어요.
그래서 성덕 대왕 신종을
에밀레종이라고
부른답니다.

✚ 가슴 아픈 전설이 깃든 에밀레종은 화려한 문양과 조각이 아름다울
뿐만 아니라 우리나라에 남아 있는 가장 큰 종으로 유명합니다.

☯ 혜공왕(758~780)은 신라 제36대 왕으로, 경덕왕의 아들입니다.

## 통일 신라 시대
## 39 땅속에서 나온 종

모량리의 손순은 아내와 함께 품팔이를 해서 늙은 어머니를 봉양했어요. 손순 부부는 부지런히 일했지만 벌이가 신통치 않았어요.
게다가 먹성 좋은 아들 때문에 식량은 금세 바닥을 드러내곤 했답니다. 손순의 아들은 한창 자랄 때라 그런지 식탐이 대단했어요. 아이는 제 몫의 밥을 얼른 먹어 치우고는 늘 할머니 밥을 빼앗아 먹었어요.
"애야, 그러면 못쓴다."
손순이 아무리 타일러도 아들의 버릇은 고쳐지지 않았어요.
보다 못한 손순이 아내에게 말했어요.
"여보, 아이가 자꾸 어머니의 밥을 빼앗아 먹으니 안 되겠소. 아이를 산에 갖다 묻읍시다."
"그건 안 돼요!"
"아이는 또 얻을 수 있지만 어머니는 그럴 수가 없지 않소. 우리 살아 계시는 동안이라도 어머니를 잘 모십시다."

손순은 이렇게 말하며 아이를 업고 산으로 갔어요.
손순은 아이를 내려놓고 땅을 파다가 돌로 만든 종을 발견했어요.
'아니, 이게 무슨 조화지? 혹시 아이를 땅에 묻지 말라는 하늘의 계시가 아닐까?'
손순은 차마 아이를 묻을 수가 없어서 땅속에서 나온 종과 함께 아이를 데리고 산을 내려왔어요.
어느 날, 흥덕왕은 아름다운 종소리를 들었어요.
"여봐라, 가서 이 소리의 정체를 알아오도록 해라."
흥덕왕은 사신을 통해 손순의 이야기를 전해 들었어요.
흥덕왕은 손순의 효심에 감동해 그에게 집과 쌀을 주며 어머니를 잘 모시게 했답니다.

➕ 늙으신 부모님을 잘 모시는 것이 아들의 도리입니다.
👤 흥덕왕(?~836)은 신라의 제42대 왕입니다.

## 통일 신라 시대
# 40 멧돼지의 아들 최치원

신라 문성왕 때, 한 고을에서 이상한 일이 일어났어요.
사또가 부임하기만 하면 사또의 아내가 사라져 버리는 거예요.
그래서 모두들 그 고을에 가기를 꺼렸답니다.
그러던 어느 날, 한 용감한 선비가 고을 사또를 자청하고 나섰어요.
사또는 부임 첫날 자신의 아내가 사라질까 봐 아내의 발목에
명주실을 감아 놓았답니다.
그리고 실 꾸러미를 두 손으로 꼭 쥐고 아내를 지켰어요.
한밤중이 되자, 갑자기 바람이 불어와 촛불이 꺼졌어요.
다시 불을 밝혔을 때, 사또의 아내는 그 어디에도 없었답니다.
사또는 아내의 발목에 감아 놓은 명주실을 따라 아내를 찾아
나섰어요. 명주실은 산속에 있는 한 동굴 속으로 이어져 있었어요.
사또가 동굴 속으로 들어가 보니, 자신의 아내가 한구석에서 벌벌
떨고 있었어요. 그 옆에는 털이 덥수룩한 도둑이 잠이 들어
있었답니다. 사또는 칼을 뽑아 단칼에 도둑을 벴어요.
그러자 도둑은 금빛 찬란한 털을 가진 멧돼지로 변해 죽었어요.

"고생했소. 어서 산을 내려갑시다."
사또는 두려움에 떨고 있는 아내를 데리고 산을 내려왔어요.
열 달 뒤, 사또의 아내는 잘생긴 아들을 낳았어요.
이 아이가 바로 최치원이랍니다. 최치원은 어려서부터 총명하여
'신동'이라 불렸어요. 열두 살 되던 해에 당나라로 유학을 떠나
열여덟 살에 과거에 장원 급제하여 이름을 떨칠 정도였답니다.

✚ 아무도 두려워서 나서지 않는 일을 하는 것이 바로 용기입니다.
🙂 최치원(857~?)은 신라의 이름 높은 학자로,《계원필경》,《토황소격문》 등을 지었습니다.

## 41 통일 신라 시대 임금님 귀는 당나귀 귀

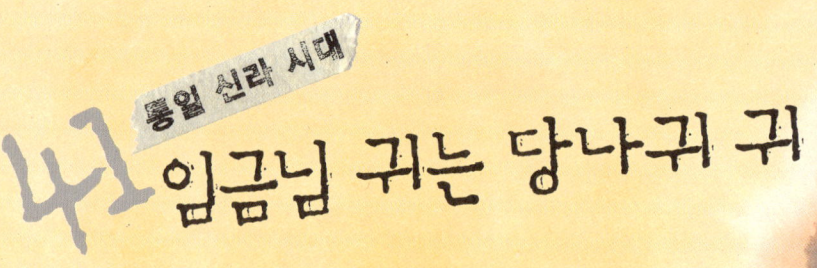

임금의 모자를 만드는 복두장이는 신라 경문왕의 귀를 처음 보았을 때 깜짝 놀랐어요. 임금님의 귀가 당나귀 귀처럼 컸거든요. 복두장이는 임금님의 비밀에 대해 말하고 싶어서 입이 근질근질 했어요. 하지만 그랬다가 화를 당할까 봐 입을 꼭 다물었어요. 비밀을 가슴에 품고 사는 것은 너무너무 힘이 들었어요. 복두장이는 가슴이 답답해서 죽을 것 같았어요. 참다못한 복두장이는 인적이 뜸한 도림사 대나무 숲으로 들어갔어요. 그러고는 이렇게 목이 터져라 외쳤답니다.

"임금님의 귀는 당나귀 귀다!"

복두장이는 속이 시원했어요.

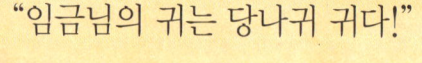

그날 이후, 대나무 숲에는 바람만 불면 이런 소리가 났어요.
"임금님 귀는 당나귀 귀!"
도림사 인근에 사는 백성들은 임금님의 귀가 당나귀 귀라는 소리를 듣고 수근거렸어요.
경문왕은 소문을 듣고 몹시 언짢았어요.
그래서 대나무를 전부 베어 버리고, 그 자리에 산수유나무를 심게 했답니다. 하지만 산수유나무를 심은 뒤에도 바람만 불면 이런 소리가 들렸어요.
"임금님 귀는 당나귀 귀!"
그 때문에 온 나라 안 백성들은 임금님의 귀가 당나귀 귀라는 것을 다 알게 되었답니다.

➕ 비밀을 지키기란 참 힘듭니다. 한번 꺼낸 비밀은 순식간에 퍼지지요.

😊 경문왕(?~875)은 신라의 제48대 왕입니다.

**통일 신라 시대 42**

# 효심 깊은 지은

지은은 아버지를 여의고 늙고
병든 어머니와 함께 살았어요.
지은은 품팔이도 하고, 동냥도 해서 어머니를 잘
모셨지만, 좀처럼 가난에서 벗어날 수가 없었어요.
견디다 못한 지은은 이웃에 있는 부잣집을 찾아갔어요.
"마님, 쌀 열 섬에 저를 사십시오."
지은은 쌀 열 섬을 받고 부잣집 종이 되었어요. 지은은 이른
아침부터 늦은 저녁까지 부잣집에서 일을 해야 했지요.
그렇게 며칠이 지난 어느 날, 지은의 어머니가 말했어요.
"얘야, 전에는 아무것이나 먹어도 맛이 있었는데, 요즘에는 쌀밥을
먹어도 맛있는 줄 모르겠구나. 꼭 뱃속을 칼로 찌르는 것 같으니
어떻게 된 일이냐?"
지은은 하는 수 없이 모든 사실을 털어놓았어요.
그러자 지은의 어머니는 땅바닥을 치며 대성통곡을 했어요.
"나 때문에 네가 부잣집 종이 되다니…… 차라리 내가 일찍 죽는
건데……."
"어머니, 그런 말씀 마세요."

지은과 어머니는 서로 부둥켜안고 울었어요.
그때 마침 집 앞을 지나가던 효종랑이라는 화랑이 두 모녀의
이야기를 듣게 되었어요. 효종랑은 지은의 딱한 사정을 듣고 종의
신분을 벗게 해 주었어요. 이 이야기를 전해 들은 다른 화랑들도
살림에 보태라며 식량을 보내왔답니다.
효녀 지은의 이야기는 임금님의 귀에도 들어갔어요. 임금님은
지은에게 살 집도 마련해 주고, 식량과 식량을 지키는 병사까지 내어
주었어요. 덕분에 지은은 아무 걱정 없이 어머니를 잘 모시고
살았답니다.

✚ 가장 큰 효도는 부모님을 잘 섬기는 것입니다.

☻ 지은은 신라의 여섯 마을 중 하나인 한기부 백성인 연권의 딸로, 효심이 매우 깊었다고 합니다.

## 통일 신라 시대
# 43 애꾸눈 궁예

궁예는 신라 헌안왕의 아들로 태어났어요. 궁예가 태어나던 날,
무지개와 같은 빛이 하늘로 뻗쳤답니다. 게다가 갓 태어난
궁예에게는 이가 나 있었어요.
이 사실을 전해 들은 일관(점치는 관리)은 불길한 생각이 들었어요.
일관은 헌안왕을 찾아가 말했어요.
"전하, 아무래도 갓 태어난 아이가 나라에 위협이 될 것 같습니다."
"아니, 어째서?"
"갓 태어난 아이에게 이가 있다고 합니다. 게다가 이상한 빛이
하늘에 서려 있으니 불길한 징조가 틀림없습니다."
헌안왕은 일관의 말을 듣고도 별말이 없었어요.

그러자 일관이 답답한 듯 말을 이었어요.
"전하, 아이가 자라서 나라에 해를 끼치기 전에 그 싹을 잘라 버리십시오."
헌안왕은 일관의 말을 듣고, 궁예를 없애라고 명령했어요. 왕의 명령을 받은 신하는 잠든 아이를 다락 밑으로 던졌답니다.
마침 그때, 궁예의 유모가 지나가다가 그 광경을 보게 되었어요. 아이를 죽게 내버려 둘 수가 없었던 유모는 얼른 가서 받았답니다. 그런데 그만 실수로 궁예의 한쪽 눈을 찔렀어요. 궁예는 간신히 목숨을 건졌지만 그 때문에 한쪽 눈을 잃었지요.
궁예는 비록 애꾸눈이었지만 자신의 운명을 스스로 개척해서 후고구려의 왕이 되었답니다.

✚ 운명의 여신은 용기 있는 자를 돕는다고 했습니다. 누구든지 노력하면 자신의 운명을 바꿀 수 있습니다.

☻ 궁예(?~918)는 후고구려를 세운 왕이 되었습니다.

## 44 호랑이의 젖을 먹고 자란 견훤

*통일 신라 시대*

견훤의 아버지 아자개는 농부였어요.
아자개는 아침 일찍부터 늦은 밤까지 들에 나가 열심히 농사를
지었답니다. 아자개의 아내는 들일을 하는 남편을 위해 부지런히
새참을 해다 날랐어요. 고된 농사일을 하기 위해서는 든든히 먹어야
했기 때문이에요. 젖먹이였던 견훤은 어머니 등에 업혀 함께 들에
나갔답니다.
"아가야, 여기 좀 누워 있어라."
견훤의 어머니는 어린 아들을 커다란 나무 아래 뉘어 놓았어요.
그러고는 남편을 위해 가져온 음식을 들고 밭으로 갔어요. 아침부터
땀 흘려 일한 아자개는 아내가 가져온 음식을 맛있게 먹었어요.
아자개의 아내는 흐뭇하게 그 모습을 바라보았답니다.
그 시각, 나무 아래 누워 있던 견훤이 칭얼대기 시작했어요.
배가 고픈 견훤은 칭얼대며 어머니를 찾았지만 견훤의 어머니는
아들이 칭얼거리는 소리를 듣지 못했어요.
견훤이 엄마를 찾으며 울자, 어디선가 커다란 호랑이 한 마리가
나타났어요. 호랑이는 견훤이 누워 있는 나무 아래로 가더니
견훤에게 젖을 물렸어요. 배가 고파 울던 견훤은 호랑이의 젖을 빨기
시작했답니다.

그 광경을 지나가던 사람들이 보게 되었어요.
"호랑이 젖을 빨아먹다니, 저 아이는 보통 아이가 아닐 거야."
과연 사람들의 말은 사실이었어요. 호랑이 젖을 먹고 자란
견훤은 후백제를 세워 스스로 왕이 되었거든요.

➕ 자신의 운명을 짊어지는 용기를 가진 자만이 영웅이 된다고 했습니다.

🙂 견훤(867~935)은 후백제를 세운 왕입니다.

# 45 지키지 못한 약속

고려 시대

태조 왕건의 할아버지인 작제건은
지혜롭고 용감한 젊은이였어요.
작제건은 당나라에 있는 아버지를
찾아 길을 나섰어요.
작제건이 당나라 가는 배에 올라탔을 때의 일이에요.
어느 날, 배가 바다 한가운데에서 사흘 동안이나 꼼짝을 하지
않았어요. 뱃사람들이 이상하게 여겨서 점을 쳤더니, 배에 타고 있는
고려 사람을 없애야 한다는 점괘가 나왔어요.
뱃사람들은 작제건을 죽이려고 했어요. 그러자 작제건은 스스로
바다에 뛰어들었답니다. 바다로 뛰어든 작제건은 용왕을 만났어요.
"내가 그대를 이곳으로 이끌었소. 매일 밤, 북을 치며 불경을 읽어
대는 여우가 나타나 나를 괴롭히니, 그 여우를 잡아 주시오."
작제건은 기꺼이 용왕의 부탁을 들어주었고, 용왕은 감사의 뜻으로
작제건을 자신의 사위로 삼았답니다.
작제건은 용왕의 딸과 혼인한 뒤 다시 고향으로 돌아왔어요.
용왕의 딸은 작제건과 30년을 함께 살았답니다.
"부인, 가끔 친정에 다녀오는 것 같던데, 용궁에는 어떻게 가시는
겁니까?"

"알려고 하지 마십시오. 만일 제가 용궁으로 가는 것을 엿본다면 저는 절대로 다시 돌아오지 않을 것입니다."
"알겠소. 그런 일은 없을 것이오."
작제건은 그렇게 말하면서도 호기심을 억누를 수가 없었답니다.
그러던 어느 날, 작제건은 부인이 마당의 우물을 통해 용궁으로 가는 것을 우연히 보게 되었어요.
그러자 용왕의 딸은 작제건이 약속을 어겼다고 하면서 다시는 돌아오지 않았답니다.
작제건은 우연일 뿐이었다고 변명했지만 아무 소용이 없었어요.

➕ 달걀과 약속은 깨지기 쉽다고 했습니다. 한번 한 약속은 반드시 지켜야 합니다.

❓ 작제건은 고려 태조 왕건의 할아버지입니다.

고려 시대 46

# 앞날을 내다보는 거울

당나라 상인인 왕창근은 무역을 위해 철원을 방문했어요.
왕창근은 철원의 한 시장에서 백발에 흰 수염을 기른 노인을 만났어요. 노인은 오른손에는 헌 거울을, 왼손에는 밥그릇을 들고 있었답니다.
노인이 왕창근을 보고 물었어요.
"자네, 이 거울이 탐나지 않은가?"
왕창근은 그 거울이 보통 거울이 아니라는 생각이 들었어요.
그래서 노인에게 이렇게 물었답니다.
"얼마면 파시겠습니까?"
"쌀 다섯 말을 주면 팔겠네."
왕창근은 가지고 있던 쌀을 주고 헌 거울을 샀어요.
노인은 왕창근에게서 받은 쌀을 거지들에게

나누어 준 뒤 홀연히 사라졌답니다.
왕창근은 거울을 이리저리 들여다보았어요.
"뭐야? 그냥 보통 거울이잖아?"
실망한 왕창근은 거울을 벽에 걸어 두었어요.
그런데 거울에 햇빛이 반사되자, 이상한 일이
벌어졌어요.
거울 속에 이상한 글씨들이 나타난 것이에요.
왕창근은 거울에 나타난 글씨들을 읽을 수는 있었지만 뜻을 알 수가
없었어요. 그래서 글 잘하기로 소문난 선비들을 찾아갔답니다.
선비들은 거울에 나타난 글씨를 보고 이렇게 말했어요.
"왕건이 궁예를 몰아내고 삼국을 통일한다고? 에이, 설마……."
그런데 얼마 뒤, 왕건이 궁예를 몰아내고 삼국을 통일했어요.
거울의 예언대로 된 것이에요.

➕ 평범해 보이는 사물의 진정한 가치를 발견해 보세요.

👤 왕건(877~?)은 고려의 첫 번째 왕 태조입니다.

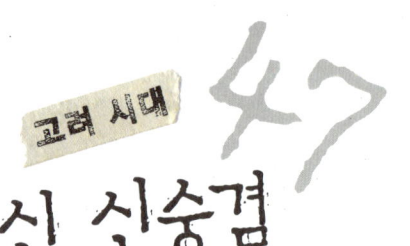

# 왕건을 살린 충신 신숭겸

왕건이 신하들과 사냥을 나갔을 때의 일이에요.
어디선가 기러기 세 마리가 날아와 왕건의 머리 위를 지나갔어요.
왕건은 장난삼아 이렇게 말했어요.
"누가 저 기러기를 맞혀 보겠는가?"
그러자 신숭겸이 자청했어요.
"신이 한번 해 보겠습니다."
"좋다. 이왕이면 세 번째 기러기를 맞히도록 하여라."
신숭겸은 왕건의 명령대로 세 번째 기러기를 맞혀 떨어뜨렸어요.
"참으로 대단한 실력이구나."
왕건은 신숭겸을 무척 아끼게 되었답니다.
그 일이 있은 지 얼마 지나지 않아서, 고려군과 후백제군이 전투를
치르게 되었어요. 전투는 점점 고려군에게 불리한 상황으로
치달았어요. 신숭겸은 왕건의 안위가 걱정되었어요.
"전하, 신이 전하의 갑옷을 입고 적의 주의를 끌 테니,
전하께서는 안전한 곳으로 몸을 피하십시오."
신숭겸은 왕건이 탈출할 수 있도록 자신이
왕건인 척했어요.

이런 사실을 알 리 없는 후백제군은 신숭겸을 향해 맹공격을
퍼부었어요. 신숭겸은 자신을 아껴 준 왕건의 은혜에 보답하기 위해
목숨이 다하는 그 순간까지 손에서 칼을 놓지 않았어요.
덕분에 왕건은 목숨을 건질 수가 있었답니다.

➕ 인정하고 아끼면 저절로 충심을 다하는 법입니다.

👤 신숭겸(?~927)은 고려 태조 때의 장수입니다.

# 48 고려시대
# 신라의 마지막 왕자, 마의 태자

태조 왕건이 세운 고려의 힘이 강해지자, 신라 경순왕은 더 이상 나라를 지탱할 자신이 없었어요.
경순왕은 고려에게 항복을 해야 할지, 말아야 할지 고민했어요.
그래서 신하들을 한자리에 불러 모아 의논했지요.
경순왕의 말을 다 듣고 태자가 발끈했어요.
"아바마마, 신라는 천 년의 역사를 지닌 나라이옵니다. 그런 나라를 어찌 고려의 손에 넘긴다는 말씀이십니까?"
"우리에게는 고려와 맞서 싸울 만한 힘이 없다."
"아바마마, 민심을 수습하고 군대를 일으키십시오. 백성들과 한마음 한뜻이 되어 싸운다면 저들을 물리칠 수 있을 겁니다."

"그래도 아무 소용이 없을 거다. 보아라, 후백제의 견훤도 왕건에게 항복을 하지 않았느냐?"

"아바마마, 어떻게 싸워 보지도 않고 항복을 하려고 하십니까? 제발 항복하겠다는 생각만은 거두어 주십시오."

태자는 어떻게든 경순왕을 설득해 보려고 했어요. 하지만 경순왕은 태자의 말을 듣지 않고, 고려에 항복하겠다는 편지를 보냈답니다.

태자는 경순왕이 너무 원망스러웠어요.

"아바마마, 소자는 더 이상 아바마마를 아버지라 여기지 않을 것입니다. 하오니 오늘 이후로 소자를 찾지 마십시오."

태자는 하직 인사를 하고 궁궐을 나왔어요. 궁궐을 나온 태자는 발길 닿는 대로 떠돌아다니다가 금강산으로 들어갔어요. 태자는 금강산 기슭에 초막을 짓고, 마의(삼베옷)를 입고 풀뿌리와 나무껍질을 먹으며 살다가 쓸쓸히 생을 마쳤답니다.

그가 바로 마의 태자입니다.

➕ 역사 속에는 뜻을 굽히지 않은 용기 있는 사람이 많습니다.

➕ 마의 태자는 신라의 마지막 왕인 제56대 경순왕의 아들입니다.

# 어린 원님, 강감찬

**49 고려 시대**

강감찬은 어려서부터 학문과 무예에 뛰어난 소질을 보여 어린 나이에 고을 원님이 되었어요.
그러자 이방을 비롯한 아전들은 나이 어린 원님을 얕잡아 보았어요. 아전들은 어떻게 하면 강감찬을 자신들의 손아귀에 넣고 주무를까 고민했어요.
강감찬은 사사건건 자신을 무시하는 아전들을 혼내 주기로 했어요.
어느 날, 강감찬이 아전들을 한자리에 불러 모았어요.
"자네들은 밭에 가서 수숫대를 하나씩 잘라 오게. 수숫대를 자른 다음에는 반드시 소매 속에 넣어 가지고 와야 하네."
아전들은 별 심부름도 다 시킨다고 투덜댔어요.
하지만 원님의 명령이니 거역할 수가 없었지요.
아전들은 저마다 수숫대를 하나씩 잘라 소매 속에 넣었어요. 하지만 수숫대가 너무 길어서 소매 속에 다 넣을 수가 없었어요.
아전들은 하는 수 없이 수숫대의 한쪽 끝만 소매 속에 넣고 허우적대며 돌아왔어요.
강감찬은 웃음이 나는 것을 꾹 참고 이렇게 말했어요.
"자네들은 그 수숫대가 몇 년이나 자랐는지 아는가?"
"수수는 한해살이풀이라 일 년이면 다 자랍니다."

"그래, 일 년 된 수숫대도 소매 속에 넣지 못하면서 어찌 나를
자네들 손안에 넣으려고 하는가?"
강감찬의 나무람에 아전들은 할 말을 잃었어요.
강감찬에게 혼쭐이 난 아전들은 더 이상 원님이 어리다고 깔보지
않았답니다.

➕ 물은 건너 보아야 알고, 사람은 지내 보아야 안다고
했습니다. 나이가 어리다고 무시해서는 안 됩니다.

❓ 강감찬(948~1031)은 고려 현종 때의 장수로,
거란과의 귀주 대첩에서 큰 승리를 거두었습니다.

## 50 자만심 때문에 패한 장군

**고려 시대**

고려 현종 때, 거란이 40만 대군을 이끌고 쳐들어왔어요.
거란군은 압록강을 건너 통주까지 내려왔답니다.
고려의 장군인 강조는 통주성 남쪽에 함정을 파고 거란군을
기다렸어요. 아무것도 모르는 거란군은 강조의 작전에
말려들었지요. 거란군은 이 전투에서 고려에게 크게 패했어요.
그러자 우쭐해진 강조는 거란군을 얕잡아 보게 되었답니다.
그 사이, 거란군의 우두머리 야율분노는 별동 부대를 조직했어요.
야율분노가 이끄는 별동 부대는 통주 서쪽에 있는 고려군 진지를
공격했어요.
강조는 거란의 별동 부대가 침입했다는 소식을 듣고도
여유만만이었어요.
그는 부하들과 내기 바둑을 두며 이렇게 말했답니다.
"입 안에 음식이 조금 있으면 맛이 없는 것처럼 적도 마찬가지다.
모이면 한 번에 먹게 그냥 내버려 두어라."
강조가 거란군을 얕잡아 보는 사이, 거란군은 고려 진영 깊숙이
들어왔어요. 놀란 고려군은 이리저리 흩어졌답니다.
"장군, 어서 피하십시오."
"아니, 왜?"

"거란군이 바로 코앞까지 왔습니다."
강조는 비로소 사태의 심각성을 깨달았어요.
강조가 막 자리에서 일어서려는데, 야율분노가
막사 안으로 들어섰어요.
자신만만하던 강조는 거란군에게 붙잡혀 포로가
되었답니다.

➕ 성공했다고 자만하면 더 큰 일을 그르칠 수 있습니다.

👤 강조(?~1010)는 고려 현종 때의 장수입니다.

# 적을 위해 잔치를 베푼 윤관

**고려 시대** 51

여진족은 예전에는 고려에 굽실굽실하던 나라였어요.
그런데 여진족의 세력이 날로 강해졌답니다.
그러자 고려는 여진족의 침범을 자주 받게 되었어요.
예종은 여진족을 몰아내기 위해 고려의 장군인 윤관을
파견했답니다. 윤관은 여진족과 맞서 싸우기 위해서 말을 타고
싸우는 기마병을 조직하여 훈련시켰어요. 윤관은 여진족과 맞서
싸울 모든 준비를 끝내고, 여진에 사신을 보냈어요.
"고려의 포로가 된 과거 여진의 우두머리들을 석방하려고 하니,
족장께서 직접 오셔서 포로를 데리고 가십시오."
여진족의 족장은 고려 사신의 말을 그대로 믿었어요.

고려가 여진족에게 화해를
청한다고 생각했기 때문에
족장은 아무 의심 없이
군사들을 이끌고 과거의
우두머리들을 데리러 왔답니다.
윤관은 여진족 족장 일행을 반갑게
맞았어요.
"먼 길을 오시느라 수고가 많으셨습니다.
오늘 밤은 신나게 먹고 마시며 푹 쉬십시오."
윤관은 여진족 족장을 위해 성대한 잔치를 베풀었어요. 여진족들은
밤새 술을 퍼마시다가 새벽이 되어서야 잠이 들었답니다.
다음 날 아침, 윤관은 여진족을 기습 공격했어요. 술이 덜 깬
여진족은 속수무책으로 당할 수밖에 없었어요. 윤관은 여진족
장수들을 모두 제거한 다음, 군대를 이끌고 여진 땅을 공격했어요.
기세가 오른 고려군은 단숨에 여진족을 무찔렀답니다.

✚ 슬기로운 장군은 전략을 잘 세워 적을 지혜롭게 물리칩니다.

● 윤관(?~1111)은 고려 예종 때의 장수로, 여진족을 물리치고 9성을 쌓았습니다.

## 불에 탄 정중부의 수염

**52 고려 시대**

고려 의종 때 일이에요.
섣달그믐 날 밤이 되자,
궁궐에서는 잔치가 벌어졌어요.
악귀를 쫓는 행사 뒤에 벌어지는
흥겨운 잔치였어요. 잔치에는 왕은
물론이고 당대 최고의 권력가인 김부식
부자도 함께 자리했답니다.
김부식의 아들인 김돈중은 이제 막
과거에 급제한 젊은 관리였어요. 그러나
김돈중은 아버지의 권력을 믿고
제멋대로 행동했답니다.
잔치가 따분했던 김돈중의 눈에
정중부의 긴 수염이 들어왔어요.
김돈중은 술에 취한 척하며

정중부의 곁에 가서 앉았어요.
"장군, 수염이 참 멋지시군요. 가까이서 좀 봐도 되겠습니까?"
김돈중은 정중부의 얼굴에 촛불을 바짝 가져다 댔어요.
그러자 순식간에 촛불이 정중부의 수염에 옮겨붙었답니다.
"아니, 이게 무슨 짓이오!"
수염이 불탄 정중부는 화가 나서 김돈중을 때렸어요.
김부식은 자신의 아들이 맞는 것을 보고 화가 났어요.
"전하, 제 아들이 장난을 좀 쳤기로서니 모두가 보는 앞에서 손찌검을 하다니요. 정중부를 가만히 내버려 두어서는 아니 될 것입니다."
김부식은 인종 임금에게 정중부를 처벌해 달라고 했어요.
무신이었던 정중부는 이 일로 문신들을 싫어하게 되었답니다.

➕ 자신의 배경을 믿고 다른 사람을 괴롭히는 것은 옳지 못합니다. 그러다가는 그 사람을 적으로 만들 수 있기 때문입니다.

👤 정중부(1106~1179)는 고려 의종 때의 장수로, '무신의 난'을 일으켰습니다.
👤 김부식(1075~1151)은 고려 의종 때의 문신으로, 《삼국사기》를 썼습니다.

> 고려 시대

# 53 황금 보기를 돌같이 한 최영

최영의 아버지 최원직은 성품이 곧은 사람이었어요.
그는 물질적으로 풍족한 것보다는 마음이 풍요로워야 한다고
생각했어요. 그래서 어린 아들에게 황금 보기를 돌같이 하라고 늘
가르쳤답니다.
어느 날, 최영은 마을 사람들이 부잣집에서 일을 하고 품삯을 받는
광경을 보았어요.
최영은 부리나케 집으로 돌아와 아버지에게 물었어요.
"아버지, 품삯을 주면 사람들을 부릴 수 있나요?"
"그렇단다."
"그러면 돈은 아주 힘이 센 거네요?"

"어째서?"

"돈만 주면 무슨 일이든 다 시킬 수 있으니까요."

최원직은 아들의 대답을 듣고 한참을 생각한 뒤, 이렇게 물었어요.

"영아, 돈만 있으면 뭐든 다 할 수 있을 것 같으냐?"

"네, 아버지."

"영아, 너는 아직 돈이 얼마나 무서운 존재인지 모르는구나."

"아버지, 돈이 무섭다니요? 왜 무서운데요?"

"돈은 적당히 있으면 도움이 되지만, 너무 많으면 화를 부를 수 있단다. 네 말대로 돈은 너무 힘이 세서 너를 노예로 만들 수도 있거든."

최영은 아버지의 말을 가슴에 깊이 새겼답니다.

그 후, 최영은 평생을 아버지의 뜻에 따라 '황금 보기를 돌같이' 하며 살았어요.

➕ 물질적 풍요로움보다는 마음의 풍요로움이 더 중요합니다.

❓ 최영(1316~1388)은 고려 공민왕과 우왕 때의 장수입니다.

고려 시대 54

# 흙을 먹는 남자, 최무선

고려 우왕 때, 왜구들이 자주 해안가에 나타나 노략질을 일삼았어요.
'우리나라도 원나라처럼 화약을 만들 줄 안다면 왜구들을 쉽게
물리칠 수 있을 텐데······.'
최무선은 화약을 만들어 왜구를 물리치고 싶었어요.
그래서 책을 보며 혼자서 화약 만드는 연구에 몰두했답니다.
하지만 화약을 만드는 일이 그리 쉽지만은 않았어요.
최무선은 화약 제조 기술자를 찾아 벽란도로 갔답니다.
벽란도는 원나라와 고려를 잇는 무역항이었어요.
최무선은 고생 끝에 이원이라는 원나라 상인을 만나게 되었어요.
이원은 상인이면서 화약을 만드는 데 필요한 염초 만드는
기술자이기도 했답니다. 최무선은 이원을 집으로 초대해
극진히 대접했어요. 그런 다음, 화약 제조 비법을 알고
싶다고 솔직하게 털어놓았어요.
이원은 화약을 어떻게
만드는지 절대로 알려줄 수
없다고 했어요. 최무선은
포기하지 않고 다시

한 번 간절하게 부탁했어요. 그러자 이원은
최무선의 정성에 감동해 이렇게 귀띔을
했답니다.
"화약 제조 비법은 염초를 만드는 데 있소.
그러니 좋은 흙을 먼저 찾아보시오."
최무선은 하인들에게 온갖 종류의 흙을 다 퍼오게
했어요. 그런 다음 가져온 흙을 일일이 맛보았답니다.
어떤 흙은 맛이 시고, 어떤 흙은 맛이 짜고, 또 어떤 흙은
약간 매운맛이 나기도 했어요. 최무선은 여러 차례 실험을 한
끝에 소금처럼 짠맛이 나는 흙이 염초를
만드는 데 적당하다는 것을 알게
되었어요. 최무선은 오랜 노력 끝에
염초를 만들게 되었고, 화약도 만들어
냈답니다.
이렇게 만든 화약은 왜구를
물리치는 데 아주 큰 도움이
되었어요.

➕ 무슨 일이든지 관심을 갖고 꾸준히 노력하면 성공할 수 있습니다.

👤 최무선(?~1395)은 고려 말기와 조선 초기에 활약한 발명가입니다.

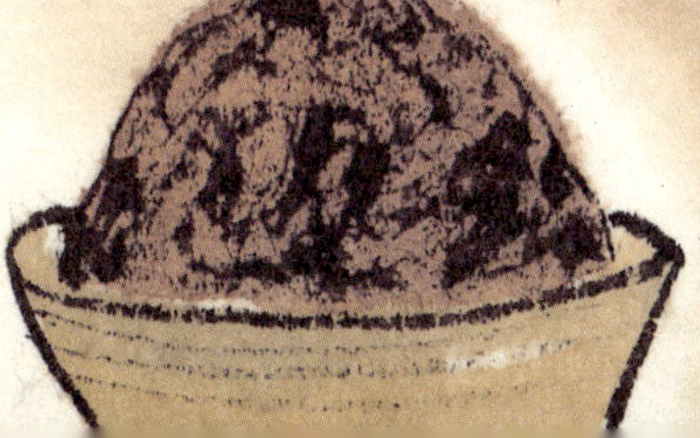

## 55 붓대 속에 목화를 숨겨 온 문익점

고려 시대

고려 공민왕 때의 학자인 문익점은 원나라에 사신으로 가게 되었어요. 그곳에서 문익점은 목화밭을 처음 보았답니다.
"벌판을 하얗게 뒤덮고 있는 저것이 무엇이오? 꼭 하늘에서 내려온 구름 같소이다."
"저것은 목화입니다. 목화 열매 속에는 저런 솜털이 들어 있는데, 저 솜으로 실을 뽑아 옷감을 짭니다."
문익점은 농부의 말에 귀가 번쩍 뜨였어요.
'목화 열매로 실을 뽑아 옷을 만들 수 있다고?'
문익점은 목화를 재배해서 헐벗은 백성들에게 따뜻한 옷을 입히고 싶었어요. 그래서 농부에게 이렇게 사정했답니다.
"내가 목화씨를 몇 개 가져가도 되겠소?"
"그건 안 됩니다. 나라에서 목화씨를 다른 나라로 가져가는 것을 엄격히 금하고 있기 때문입니다."
농부는 안 된다고 펄쩍 뛰었어요. 하지만 문익점은 농부 몰래 목화씨 몇 개를 슬쩍 따서 집으로 가지고 왔어요.
'목화씨를 구하기는 했는데, 어떻게 가져간담.'
문익점은 목화씨를 고려로 가지고 갈 방법을 연구했어요.

그러던 어느 날, 문익점은 탁자 위에 놓인 붓을 보게 되었어요.
'그래, 바로 이거야.'
문익점은 조심조심 붓대에서 붓을 뺐어요. 그러고는 붓대 속에 솜을 넣고, 그 속에 목화씨를 꼭꼭 숨긴 후 다시 붓을 꽂았어요.
문익점은 태연하게 국경을 넘어 고려로 건너왔지요.
문익점이 목화씨를 가져온 덕분에 고려인들은 따뜻한 무명옷을 입을 수 있었답니다.

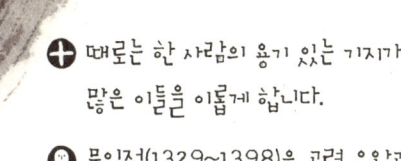

✚ 때로는 한 사람의 용기 있는 기지가 많은 이들을 이롭게 합니다.

☻ 문익점(1329~1398)은 고려 우왕과 창왕 때의 문신입니다.

# 56 길재와 어미 잃은 가재

고려 시대

고려 시대의 학자인 길재가 어렸을 때의 일이에요.
길재가 여덟 살 되던 무렵에 아버지 길원진이 전라도 보성에
지방관으로 일을 하러 가게 되었어요. 길원진은 식구들을 다 데리고
가고 싶었지만, 집안 형편이 넉넉지 않아서 길재를 외갓집에 맡기고
떠났어요.
'아버지, 어머니, 저도 따라가고 싶어요.'
길재는 부모님을 따라가고 싶었지만 꾹 참았어요.
그러던 어느 날, 길재는 집으로 돌아오는 길에 가재를 한 마리 잡게
되었어요.
"아직 어린 것 같은데, 어쩌다가 집을 잃어버렸니?"
길재는 가재를 손바닥 위에 올려놓고 이렇게 말했어요.
"너도 어미를 잃어버렸니?"
길재는 어미와 헤어진 새끼 가재를 보자 코끝이
찡했어요. 그래서 도망치려고 뒷걸음질 치는
가재를 보며 이렇게 말했어요.
"널 놓아줄 테니 어서 가서 어미를 만나거라."
길재는 가재를 개울에 놓아 주고 돌아서면서 시를
한 수 지어 읊었답니다.

가재야, 가재야, 너도 어미를 잃었느냐
나도 어미를 잃었단다.
삶아 먹을 줄 알겠지만
어미 잃은 것이 나와 같아서 놓아 보내 준다.

➕ 같은 처지에 있는 사람끼리는 서로 통하는 것이 있기 마련입니다. 힘든 일이 있을 때는 혼자만 괴로워하지 말고 속 시원히 털어놓으세요.

🙂 길재(1353~1419)는 고려 말기부터 조선 초기까지 활약한 성리학자입니다.

# 물 위에 버들잎을 띄운 신덕 왕후

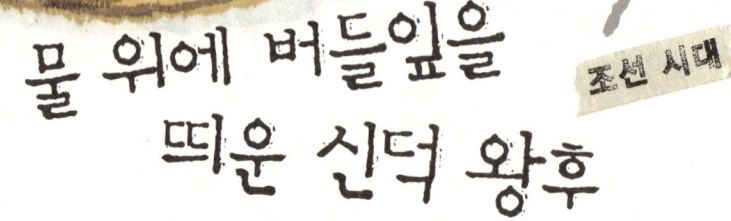
조선 시대

조선을 세운 태조 이성계가 젊었을 때의 일이에요. 이성계는 아버지 이자춘의 생신이 다가오자 사냥을 하러 갔어요. 사냥을 해서 잡은 고기로 맛있는 음식을 만들어 드릴 생각이었던 거예요. 이성계는 좋은 사냥감을 찾기 위해 온종일 산과 들을 헤매고 다녔어요.

그러다 보니 이성계는 목이 말라서 우물을 찾게 되었답니다. 우물가에는 한 여인이 물을 긷고 있었어요. 이성계는 염치불구하고 그 여인에게 말을 걸었어요.

"낭자, 내가 목이 몹시 말라서 그러니 물 한 바가지만 주시오."

여인은 아무 말 없이 바가지에 물을 한가득 떴어요.
그런 다음 우물가에 서 있는 버드나무 가지를 움켜잡고
버들잎을 한 주먹 훑어서 바가지에 띄워 주었어요.
이성계는 어이가 없어서 이렇게 한마디 했답니다.
"이보시오, 물을 떠 주려거든 그냥 줄 것이지, 먹지도 못하는
버들잎은 왜 띄운 것이오?"
그러자 여인이 다소곳이 대답했어요.
"나리, 갈증이 나신다고 냉수를 급히 마시다가는 체할 수가
있습니다. 하오니 버들잎을 불어 가며 천천히 드시라고 일부러
그리했습니다."
이 말을 들은 이성계는 여인의 지혜로움에 반해
그녀를 아내로 삼았어요,
그녀가 바로 신덕 왕후랍니다.

✚ 마음에서 우러나 베푸는 친절은 사람의 마음을 움직이는 법입니다.

☻ 태조 이성계(1335~1408)는 조선의 첫 번째 왕이며,
신덕 왕후는 태조의 두 번째 부인입니다.

# 태조와 무학 대사 58
## 조선 시대

태조는 한양으로 도읍을 옮긴 뒤, 문무백관들을 한자리에 초대했어요. 그러고는 그동안의 노고를 위로하기 위해 큰 잔치를 베풀었답니다. 그 자리에는 무학 대사도 초대되어 있었어요. 태조와 신하들은 모두들 함께 어울려 흥겹게 먹고 마셨어요. 태조는 술기운이 오르자 슬슬 장난기가 발동했어요. 그래서 무학 대사에게 이렇게 장난을 쳤답니다.

"대사, 우리 예의 같은 건 다 생략하고 한번 신나게 놀아 봅시다."

"전하, 성은이 망극하나이다."

태조의 속마음을 알 리 없는 무학 대사는 그저 황공해 했어요. 태조는 속으로 피식 웃었어요.

"대사, 오늘 대사의 얼굴을 자세히 들여다보니 꼭 돼지같이 생겼구려."

태조의 말에 모두들 껄껄 하고 웃음을 터뜨렸어요.

그러자 무학 대사는 전혀 개의치 않는 듯 이렇게 말했어요.

"그러십니까? 소승의 눈에는 전하께오서 부처님처럼 보이시는데요."
무학 대사의 대답을 듣고 태조는 잘 이해가 되지 않았어요.
"대사, 나는 대사에게 돼지를 닮았다고 했는데, 대사는 왜 나를 부처님을 닮았다고 하시는 거요?"
그러자 무학 대사가 담담하게 말을 이었어요.
"전하, 부처님의 눈에는 부처님만 보이고, 돼지의 눈에는 돼지만 보인다고 했습니다."
무학 대사의 말에 모두들 한바탕 웃음을 터뜨렸어요.
태조도 무학 대사의 기지에 큰 박수를 보냈답니다.

➕ 무학 대사의 말을 곰곰이 생각해 보세요. 누군가를 평가하기 전에 자기 마음을 먼저 들여다보라는 뜻이 담겨 있답니다.

❓ 무학 대사는 조선 시대의 승려로, 태조의 왕사(왕의 스승)를 지냈습니다.

## 조선 시대
## 59 함흥차사와 지혜로운 박순

태조에게는 여덟 명의 아들이 있었어요. 태조의 여덟 아들은 서로 왕이 되려고 싸움을 했어요. 아들들끼리 싸우는 것을 본 태조는 화가 났어요. 그래서 멀리 북쪽의 함흥으로 가 버렸답니다.

새로 왕이 된 태종은 태조를 한양으로 모셔 오려고 신하들을 함흥으로 보냈어요. 하지만 한 번 함흥에 간 신하들은 살아서 돌아오지 못했어요. 이때부터 심부름을 가서 소식이 없는 사람을 함흥차사라고 부르게 되었답니다.

태종의 시름이 깊어지자 판중추부사 박순이 함흥에 가겠다고 나섰어요.

박순은 아직 젖을 떼지 않은 망아지와 어미 말을 데리고 함흥으로 갔답니다. 함흥 별궁에 도착한 박순은 망아지를 궁 밖에 매어 두고, 어미 말만 데리고 궁 안으로 들어갔어요.

박순이 태조에게 문안 인사를 여쭙고 있을 때였어요. 궁 밖에 매어 둔 망아지가 울기 시작했어요. 그러자 궁 안 마구간에 매어 둔 어미 말도 슬피 울기 시작했답니다. 태조가 무슨 일인가 싶어서 궁금해하자, 박순이 대답했어요.

"망아지가 제 어미를 찾는 모양입니다.
어미 또한 새끼와 떨어져 있는 게 싫은
모양입니다."
태조는 그 말을 듣고 박순이 찾아온 이유를
알게 되었어요.
"자네는 내가 한양으로 돌아가기를 원하는가?"
"말 못하는 짐승도 저리 어미를 찾는데, 전하께서는 오죽
하시겠습니까?"
덕분에 태조는 그동안의 노여움을 풀고 한양으로 돌아가기로
했답니다.

➕ 지혜와 용기, 그리고 진실된 마음만 있다면
아무리 어려운 문제라도 해결할 수 있답니다.

❓ 박순(?~1402)은 고려 말기와 조선 초기에
활약한 문신입니다.

# 명사수 김득생의 억울한 죽음

태종 때, 활을 잘 쏘기로 유명한 김득생이라는 사람이 있었어요.
김득생은 날아가는 새도 맞힐 만큼 활을 아주 잘 쏘았답니다.
태종은 김득생의 활 솜씨에 반해 그를 호위 무사로 임명했어요.
왕의 거처인 경복궁 뒤에는 인왕산과 삼각산 그리고 북한산이
병풍처럼 서 있었어요.
나무가 울창한 이들 산에는 호랑이가 살고 있었지요. 호랑이는
이따금씩 산에서 내려와 사람을 해치기도 했답니다. 어느 날, 태종은
경복궁 후원을 거닐다 호랑이와 딱 마주쳤어요.
먹이를 찾아 산을 내려온 호랑이를 만나게 된 것이었지요. 김득생은
재빨리 호랑이를 향해 활시위를 당겼어요. 김득생이 쏜 화살은
호랑이의 급소를 맞혔답니다. 태종은
김득생 덕분에 목숨을 구할 수가
있었어요.
"자네가 나의 목숨을 살렸네. 정말
고맙네."
"전하, 과찬이시옵니다. 소인은 그저 할
일을 했을 뿐이옵니다."
김득생은 겸손하게 자신을

낮추었어요.
태종은 김득생에게 후한 상을 내려 주고 싶었어요.
하지만 대신들의 반대에 부딪치게 되었답니다.
"전하, 임금을 향해 활을 쏘는 것은 대역 죄인들이나
하는 짓이옵니다. 하오니 김득생을 벌하십시오."
대신들은 김득생을 벌하라고 하면서 들고일어났어요.
태종은 자신의 뜻과는 상관없이 김득생에게 사약을
내려야 했어요.
왕의 목숨을 구해 주었지만 결국
김득생은 사약을 받고 말았답니다.

➕ 때로는 자신이 맡은 일에 책임을 다하고도 올바른 평가를 받지 못할 수도 있습니다.
하지만 역사에서 진실은 밝혀지게 마련이지요.

❓ 태종(1367~1422)은 조선의 제3대 왕입니다.

# 미치광이가 된 양녕 대군과 승려가 된 효령 대군

태종에게는 네 명의 아들이 있었어요.
태종은 그중에서도 셋째 아들인 충녕 대군을 몹시 아꼈답니다.
맏아들인 양녕 대군은 태종에게 문안 인사를 갔다가 이런 이야기를 엿듣게 되었어요.

"나는 충녕이 세자가 되었으면 좋겠네. 하지만 첫째인 양녕이 버티고 있으니 이를 어쩌면 좋겠는가. 충녕과 양녕이 바뀌어 태어났다면 얼마나 좋았을꼬."

양녕 대군은 그 말을 듣고 큰 충격을 받았어요. 하지만 형제간에 우애가 좋았던 양녕 대군은 곧 마음을 다잡았답니다.

'충녕이 모든 면에서 나보다 뛰어나기는 해. 어떻게 하면 충녕에게 세자 자리를 내어 줄 수 있을까?'

양녕 대군은 그날부터 하라는 공부는 안 하고 매일 놀러만 다녔어요. 양녕 대군이 놀고먹고 엉뚱한 짓을 일삼자, 사람들은 그를 비난했어요. 양녕 대군의 바람대로 대신들은 세자를 다시 뽑아야 한다고 했지요.

그러자 태종의 둘째 아들인 효령 대군은 신이 났어요. 양녕 대군이 세자에서 물러나면 자신이 세자가 될 줄 알았거든요. 그런데 양녕 대군이 효령 대군을 찾아와 이렇게 말했어요.
"아우야, 아바마마는 아무 말씀도 없는데 김칫국부터 마시지 마라."
"형님, 그게 무슨 말씀이세요?"
"너도 나처럼 일찌감치 정신 차리란 말이다."
효령 대군은 양녕 대군의 충고를 듣고 그길로 양주에 있는 회암사로 들어가 승려가 되었답니다.
양녕 대군과 효령 대군의 배려로 충녕 대군은 세자가 되었어요. 충녕 대군이 누군가 하면 바로 세종 대왕이랍니다.

✚ 양보만 한 미덕은 없다고 했습니다. 좋은 자리일수록 스스로 양보하는 미덕을 가져야 할 것입니다.

👤 양녕 대군(1394~1462)은 태종의 맏아들이고, 효령 대군(1396~1486)은 태종의 둘째 아들입니다.

## 62 소를 탄 맹사성

조선 시대

조선 세종 때의 명재상인 맹사성은 아버지가 편찮으시다는 전갈을 받았어요. 맹사성의 아버지 맹희도는 관직에서 은퇴한 뒤 고향인 온양에 머무르고 있었답니다. 맹사성은 아버지의 건강이 걱정이 되어 휴가를 냈어요. 맹사성이 고향에 내려온다는 소식이 곧 아산 현감의 귀에 들어갔어요. 아산 현감은 맹사성에게 잘 보이고 싶었지요. 그래서 새벽부터 부하들을 닦달했답니다.

"고불 맹사성 영감께서 행차하신단다. 그러니 온양으로 들어서는 길목을 깨끗이 정비하여 손님 맞을 준비를 해라."

현감의 명령이 떨어지자, 아전과 노비들이 바쁘게 움직였어요. 노비들은 길가의 잡초를 뽑고 돌을 고르고 깨끗하게 비질을 했어요. 온양으로 들어서는 길은 깔끔하게 정리가 되었답니다. 아산 현감은 그 모습을 흐뭇하게 바라보았어요. 바로 그때, 소를 탄 남루한 노인이 막 쓸어 놓은 길을 지나갔어요.

이를 본 아산 현감은 얼굴을 찡그리며 말했어요.

"정승 맞으려고 쓸어 놓은 길을 어중이떠중이가 밟고 지나가는구나."

소를 탄 노인은 그 말을 듣고 허허 웃었어요.
노인은 웃으며 아산 현감에게 이렇게 말했답니다.
"그 어중이떠중이가 바로 맹고불이라네."
소를 탄 노인은 다름 아닌 맹사성이었어요.
뒤늦게 그가 맹사성임을 알게 된 아산 현감은
부끄러워 고개를 들지 못했답니다.

➕ 물이 깊을수록 소리가 없다고 했습니다. 진실된 사람은 겉으로
떠벌리며 잘난 체하거나 뽐내지 않습니다.

❓ 맹사성(1360~1438)은 조선 세종 때의 명재상으로,
'고불'은 그의 호입니다.

# 황희를 가르친 농부

조선 시대 63

세종 때의 명재상인 황희가 젊었을 때의 일이에요. 어느 날, 황희는 시골 길을 지나가다가 밭을 갈고 있는 한 농부를 보았어요. 농부는 검정소와 누렁소에게 각각 쟁기를 물려 밭을 갈고 있었답니다. 황희는 그 광경을 지켜보다가 이렇게 물었어요.
"이보시오, 거기 있는 두 마리 소 중에서 누가 더 일을 잘합니까?"
그러자 농부가 쟁기질을 멈추고 황희에게 다가왔어요.
농부는 황희의 귀에 대고 이렇게 속삭였답니다.
"누렁소는 부지런하고 말도 잘 듣는데, 검정소는 게으르고 꾀를 잘 피웁니다."
농부는 무슨 큰 비밀 이야기라도 하는 것 같았어요.
황희는 그런 농부의 행동이 잘 이해가 되지 않았어요.
"이보시오, 누런 소가 나으면 낫다고 소리치면 될 것이지, 여기까지 와서 이러는 이유가 뭐요?"
그러자 농부가 대답했어요.

"그건 그렇지가 않습니다. 소들도 사람의 말을 다 알아듣는답니다."
농부는 계속해서 말했어요.
"타고 난 재주는 사람마다 다르다고 했습니다. 그건 소도 마찬가지입니다. 만약에 소인이 그런 것을 무시하고 나리께 누렁소가 더 낫다고 하면 검정소의 기분이 어떻겠습니까?"
황희는 농부의 행동에 깊은 뜻이 숨겨져 있다는 것을 깨달았어요. 그 일이 있은 후부터 황희는 다른 사람들의 마음에 상처 주는 일이 없도록 말과 행동을 조심했답니다.

➕ 남이 듣지 않는 곳에서도 항상 말을 조심해야 합니다.

👤 황희(1363~1452)는 조선 세종 때의 명재상입니다.

## 64 세종과 신숙주
조선 시대

집현전은 고려 시대에 만들어진 왕실 연구 기관이에요.
이름뿐이던 집현전이 제구실을 하게 된 것은 조선 세종 때부터예요.
세종은 학문을 사랑한 왕으로, 왕위에 오르자마자 집현전을 확장해
인재를 양성하고 학문을 연구하게 했지요.
어느 날, 세종은 늦은 밤에 산책을 하다가 집현전의 불빛이 환한
것을 보았어요. 세종은 내관을 가까이 불러 말했어요.
"집현전의 불이 환하게 켜져 있구나. 가서 누가 무얼 하는지
보고 오너라."
잠시 뒤, 내관이 돌아와 말했어요.
"전하, 부수찬 신숙주가 책을 읽고 있었습니다."
"신숙주가 오늘 숙직을 하는 모양이지?"
"그러하옵니다."

"그렇다면 나도 질 수 없지."
세종은 신숙주와 경쟁이라도 하듯 책을 읽기 시작했어요.
그러다 보니 자정이 훌쩍 지나 새벽이 다 되어 갔어요.
세종이 다시 내관을 불렀어요.
"신숙주가 아직도 책을 읽고 있는지 가서 보고 오너라."
그러자 내관이 집현전에 다녀와 이렇게 보고했어요.
"전하, 신숙주는 책상에 엎드려 잠이 들어 있었습니다."
그 말을 듣고 세종은 자신이 입고 있던 어의를 벗어 내관에게
건넸어요.
"가서 신숙주가 깨지 않게 조용히 이 옷을 덮어 주고 나오너라."
다음 날, 잠에서 깬 신숙주는 자신의 어깨를 덮고 있는 어의를 보고
깜짝 놀랐어요. 신숙주는 세종의 따뜻한 마음에 크게 감동을
받았답니다.

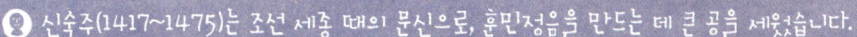
진정한 임금은 아랫사람들을 소중히 여기고 아껴 줍니다.

신숙주(1417~1475)는 조선 세종 때의 문신으로, 훈민정음을 만드는 데 큰 공을 세웠습니다.

조선 시대 65

# 오세 신동 김시습

생육신의 한 사람인 김시습의 별명은 '오세 신동'이에요.

김시습이 다섯 살 때, 재상인 허조가 찾아와 말했어요.

"네가 시를 잘 짓는다고 하던데, 이 늙은이를 위하여 시를 한 수 지어 줄 수 있겠느냐?"

"네, 물론입니다."

김시습은 조금도 망설이지 않고 그 자리에서 시를 지어 읊었어요.

"늙은 나무에 꽃이 피니 마음만은 늙지 않았구나."

허조는 다섯 살 아이의 입에서 그런 시가 나올 줄은 몰랐어요. 그래서 어린 김시습의 신기한 재주를 세종에게 가서 이야기했답니다.

세종은 김시습을 한번 만나 보고 싶어 궁궐로 초대했어요. 김시습은 승지 박이찬 앞에서 여러 가지 시험을 보았어요. 박이찬은 김시습의 재주를 시험한 뒤, 세종에게 말했어요.

"전하, 이 아이는 신동임에 틀림없습니다. 신이 묻는 말에 하나도 막힘이 없었사옵니다."

세종은 그 말을 듣고 크게 기뻐하며, 김시습에게 상으로 비단 오십 필을 하사했어요.
"애야, 너 혼자 그 많은 비단을 다 가져갈 수 있겠느냐?"
"네, 물론입니다."
세종은 신하들과 어린 김시습이 어떻게 하나 두고 보았어요. 그랬더니 김시습이 상으로 받은 비단들을 한데 쭉 묶는 게 아니겠어요? 김시습은 비단을 길게 묶은 다음, 비단의 한쪽 끝을 자신의 허리에 묶어 끌고 집으로 갔어요.
이를 본 사람들은 모두 혀를 내두르며 말했어요.
"과연 신동일세. 과연 신동이야!"
그때부터 김시습은 '오세 신동'이라고 불리게 되었답니다.

➕ 될성부른 나무는 떡잎부터 알아본다고 했습니다. 장래에 크게 될 사람은 어릴 때부터 다르다는 말입니다.

👤 김시습(1435~1493)은 조선 초기의 학자로, 수양 대군이 어린 조카 단종을 몰아내고 왕위에 오르자 벼슬길을 버리고 절개를 지킨 여섯 신하(생육신) 중 한 명입니다.

# 66  물동이에 담긴 물을 잰 장영실

장영실은 조선 세종 때의 과학자입니다. 장영실은 천민인 어머니 때문에 동래현의 노비가 되었어요. 동래 현감은 총명한 장영실을 귀여워했어요. 그래서 자신의 곁에 두고 잔심부름을 시켰답니다.
어느 날, 동래 현감이 장영실에게 놋쇠로 만든 자를 주면서 말했어요.
"영실아, 지난밤에 비가 많이 내렸단다. 가서 비가 얼마나 내렸는지 재어 보고 오너라."
"네, 나리."
장영실은 놋쇠 자를 받아 들고 뜰로 내려섰어요.
장영실은 물의 깊이를 재기 위해 젖은 흙을 파기 시작했어요.
그러면서 장영실은 생각했어요.
'비의 양을 정확하게 잴 수 있는 좋은 방법이 뭐 없을까?'
그때 장영실은 장독 위에 놓인 빈 물동이를 보았어요.
'그래, 바로 저거야.'
장영실은 땅을 파다 말고 물동이에 담긴 빗물의 깊이를 쟀어요.
장영실은 빗물의 깊이를 재어 동래 현감에게 가서 보고했어요.

"나리, 흙은 그 종류에 따라 빗물이 스며드는 속도가 다릅니다. 그래서 빗물의 정확한 양을 측정하기가 어렵습니다."
"네 말이 맞기는 하지만 그렇다고 다른 방법이 없지 않은가?"
"나리, 물동이에 빗물을 받으면 비의 정확한 양을 알 수 있지 않을까요?"
"오호, 듣고 보니 그렇구나."
이 일로 동래 현감은 장영실을 더욱 신뢰하게 되었어요. 이런 경험은 훗날 장영실이 측우기를 만드는 데 많은 도움을 주었답니다.

➕ 위대한 발명도 작은 관찰에서부터 시작되기 마련입니다.

🙂 장영실은 조선 세종 때의 과학자로 '혼천의', '앙부일구', '자격루', '측우기' 등을 만들었습니다.

## 67 벼슬을 한 소나무

조선 시대

세조는 어린 조카 단종을 왕위에서 몰아내고 왕이 되었어요.
그리고 그것도 모자라 사약을 내려 죽이기까지 했답니다.
그날, 세조의 꿈에 단종의 어머니인 현덕 왕후가 나타났어요.
현덕 왕후는 다짜고짜 세조에게 이렇게 퍼부었답니다.
"너는 네 욕심을 채우기 위해 아무 죄 없는 내 아들을 죽였다.
그러니 나도 너를 가만두지 않을 것이다."
현덕 왕후는 세조에게 침을 뱉고 사라졌어요.
그 일이 있은 후부터 세조의 몸에 종기가 자라기 시작했어요.
갖은 약을 다 써 보았지만 종기는 없어지지 않았어요.
세조는 최후의 수단으로 부처에게 빌고자 속리산에 있는
법주사를 찾아갔지요.
법주사 가는 길에는 커다란 소나무 한 그루가 길 위로 가지를 축
늘어뜨리고 있었어요. 그 가지 때문에 왕이 탄 가마가 지나갈 수가
없었지요. 그러자 가마꾼들이 이렇게 투덜거렸어요.
"임금님이 타고 계신 가마가 나뭇가지에 걸리겠어."

그때 눈으로
보고도 믿을 수 없는
놀라운 일이 벌어졌어요.
소나무가 축 늘어뜨리고 있던 가지를
슬며시 들어 올렸기 때문이에요. 덕분에 세조를
태운 가마는 무사히 그곳을 지나갔어요.
이 사실을 알게 된 세조는 참 기특한 소나무도 다 있다고
생각했어요. 그래서 소나무에게 정이품이라는 높은 벼슬을
내렸어요.
지금도 속리산에 가면 '정이품송'을 볼 수 있답니다.

➕ '존대하면 뺨 맞지 않는다.'라는 옛말이 있습니다. 상대를 공경하면 상대도 여러분을 공경할 것입니다.

👤 세조(1417~1468)는 조선의 제7대 왕입니다.

# 말에서 떨어진 형제

조선 시대

성종의 왕비인 윤씨는 질투심이 아주 많은 여자였어요.
어느 날, 윤씨는 성종과 말다툼을 하다가 왕의 얼굴을 손톱으로 할퀴었어요. 이 일로 윤씨는 폐비가 되어 사가로 쫓겨났답니다.
대신들은 폐비 윤씨에게 사약을 내리라고 했어요.
성종은 어린 세자를 생각해서 어떻게든 막아 보려고 했지요.
성종은 궁리 끝에 모든 대신들을 궁궐로 불러들였답니다.
재상인 허종과 그의 동생 허침은 대궐로 가는 길에 잠깐 누이동생의 집에 들렀어요.
누이동생은 관복을 입은 오빠들을 보고 이렇게 물었어요.
"오라버니들, 무슨 일로 궁에 들어가십니까?"
"폐비 윤씨에게 사약을 내리는 문제를 의논하러 간단다."
누이동생은 이 말을 듣고 오빠들의 앞을 가로막았어요.

"오라버니, 가지 마세요."
"아니, 왜 그러느냐?"
"오라버니, 세자 저하께서 살아 계십니다. 저하께서 훗날 이 일을 알게 되시면 무슨 화를 입으시려고요."
허종과 허침은 누이동생의 말을 듣고 보니 그런 것 같았어요. 그래서 사직골에 있는 다리를 지날 때, 일부러 말에서 떨어지는 척 연극을 했어요. 두 형제는 다리 다친 것을 핑계로 회의에 참석하지 않았답니다. 회의에서는 폐비 윤씨에게 사약을 내리기로 결정되었어요.
폐비 윤씨가 숨을 거둔 뒤, 그의 아들이 왕위에 올랐는데 그가 곧 연산군이었어요. 왕이 된 연산군은 어머니 윤씨를 내쫓고 사약을 내려야 한다고 주장했던 조정 중신들을 사형시키거나 귀양을 보냈어요. 하지만 허종과 허침은 회의에 참석하지 않은 덕분에 큰 화를 모면할 수 있었지요.

➕ 슬기로운 사람은 앞날을 내다볼 줄 아는 선견지명이 있습니다.

👤 허종(1434~1494)은 조선 성종 때 우의정을 지냈습니다.

# 69. 연산군의 복수

**조선 시대**

폐비 윤씨는 아들 연산군이 네 살 때 세상을 떠났어요.
성종은 연산군이 폐비 윤씨에 대해 아는 것을 원하지 않았어요.
그래서 아무에게도 폐비 윤씨 이야기를 꺼내지 말라고 당부했어요.
덕분에 연산군은 정현 왕후 윤씨가 자신의 친어머니인 줄 알고
자랐답니다.
연산군이 왕위에 오르자, 폐비 윤씨의 친정어머니인 신씨가
찾아왔어요. 신씨는 연산군을 만나 그동안 가슴에 담아 두었던
이야기들을 모두 꺼내 놓았어요. 연산군은 자신의 친어머니가 따로
있다는 사실을 믿을 수가 없었어요. 뜻밖의 이야기에 당황해하는
연산군을 보고 신씨는 품 안에 고이 간직해 두었던 물건을 꺼냈어요.
그것은 다름 아닌 피 묻은 헝겊이었어요.
"이것이 무엇이오?"
"전하, 이것은 전하의 생모이신 폐비 윤씨의 원삼 자락이옵니다."
신씨는 윤씨가 사약을 받고 죽을 때, 입에서 흐르는 피를 닦았던
원삼 자락을 간직하고 있었어요.
신씨는 그것을 연산군에게 보여 주며 이렇게 말했어요.
"전하, 믿기 어려우시겠지만 제가 한 말은 모두가 사실입니다.
억울하게 죽은 생모의 원수를 꼭 갚아 주십시오."

뒤늦게 모든 사실을 알게 된 연산군은 어머니의 한을 풀어 주고 싶었어요. 그래서 윤씨의 폐위와 죽음에 관여한 모든 사람에게 죄를 물었답니다.
이 일로 죄 없는 수많은 선비들이 죽음을 당했어요.
연산군의 분노 때문에 일어난 이 사건을 '갑자사화'라고 합니다.

✚ 분노를 참지 못하고 복수를 하게 되면 또 다른 복수를 낳게 됩니다.

👤 연산군(1476~1506)은 조선 제10대 왕으로, '무오사화'와 '갑자사화'를 일으켜 많은 선비들을 죽여, 후에 왕위에서 폐위됩니다.

# 치마바위

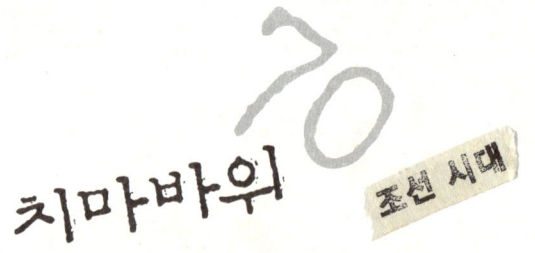
조선 시대

연산군을 폐한 반정으로 왕위에 오른 중종에게는 세 명의 왕비가 있었어요.

첫 번째 왕비인 신씨(단경 왕후)는 왕비에 봉해진 지 일주일 만에 폐비가 되었답니다. 바로 아버지인 신수근 때문이었어요. 신수근은 연산군의 비인 신씨가 자신의 누이였기 때문에 반정에 참여하지 않았답니다. 그 일로 신수근은 반정 공신들에 의해 죽임을 당했어요. 공신들은 왕비 신씨가 중종 곁에 있는 것이 마음에 걸렸어요. 그대로 두었다가는 자신들이 화를 당할까 봐 두려웠기 때문이에요. 공신들은 그런 이유로 왕비 신씨의 폐위를 주장했어요.

"죄인의 딸을 대궐 안에 그냥 둘 수가 없사옵니다. 폐위시켜야 하옵니다."

중종은 왕비인 신씨를 몹시 아끼고 사랑했어요. 하지만 대신들의 반대가 날로 심해지자 하는 수 없이 왕비를 폐위시키고 말았답니다. 왕비가 되기 전부터 십 년이나 같이 살았던 신씨와 헤어지자 중종은

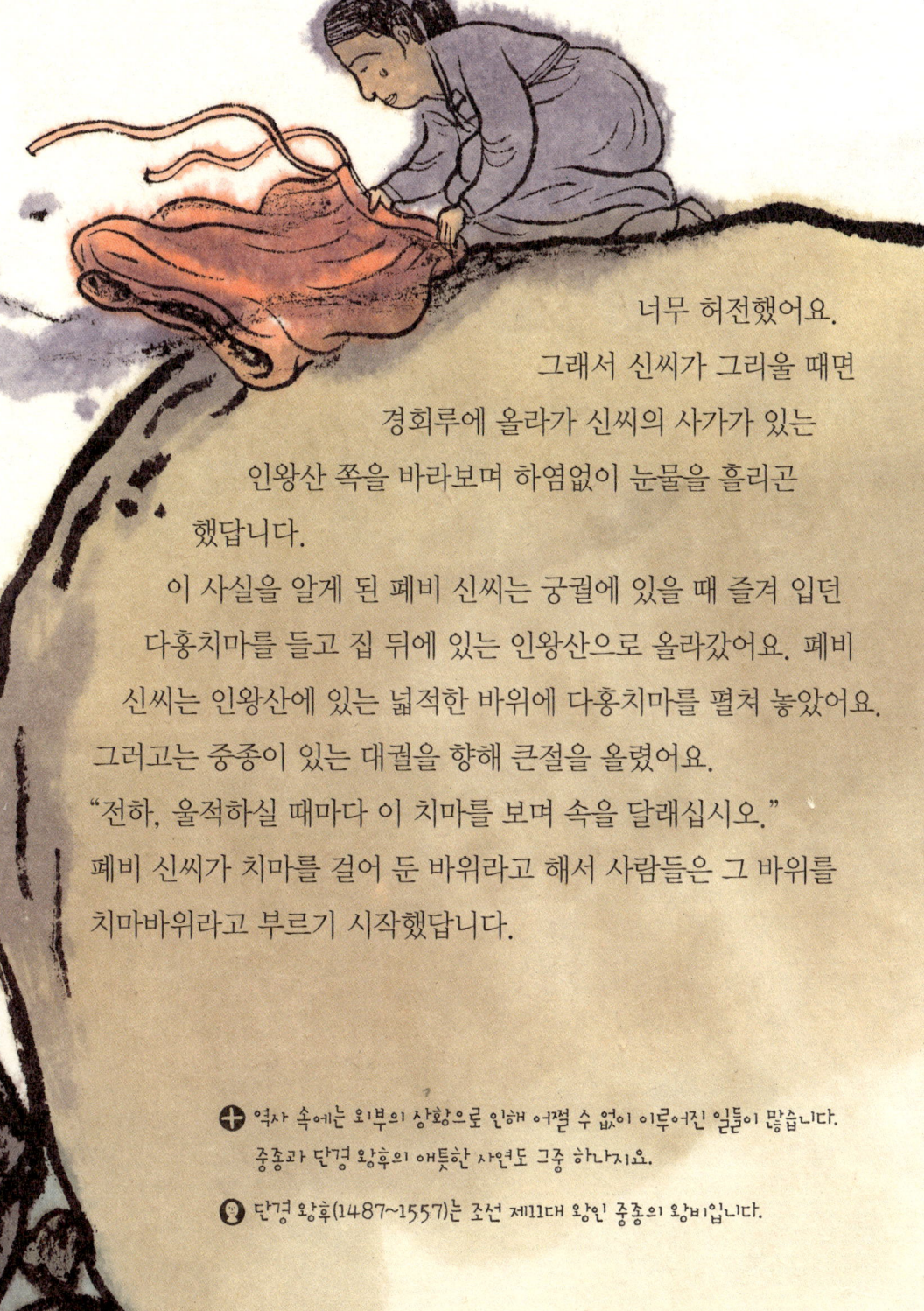

너무 허전했어요.
그래서 신씨가 그리울 때면
경회루에 올라가 신씨의 사가가 있는
인왕산 쪽을 바라보며 하염없이 눈물을 흘리곤
했답니다.
이 사실을 알게 된 폐비 신씨는 궁궐에 있을 때 즐겨 입던
다홍치마를 들고 집 뒤에 있는 인왕산으로 올라갔어요. 폐비
신씨는 인왕산에 있는 넓적한 바위에 다홍치마를 펼쳐 놓았어요.
그러고는 중종이 있는 대궐을 향해 큰절을 올렸어요.
"전하, 울적하실 때마다 이 치마를 보며 속을 달래십시오."
폐비 신씨가 치마를 걸어 둔 바위라고 해서 사람들은 그 바위를
치마바위라고 부르기 시작했답니다.

✚ 역사 속에는 외부의 상황으로 인해 어쩔 수 없이 이루어진 일들이 많습니다. 중종과 단경 왕후의 애틋한 사연도 그중 하나지요.

☻ 단경 왕후(1487~1557)는 조선 제11대 왕인 중종의 왕비입니다.

# 71  나뭇잎 때문에 죽은 조광조

조광조는 조선 중종 때의 문신으로, 중종의 신임을 받았어요.
그는 백성들이 살기 좋은 세상을 만들기 위해 노력했답니다.
조광조는 남곤과 심정 같은 정치가들을 못마땅하게 생각했어요.
이들은 백성들을 위하기보다는 자기 자신의 이익을 챙기기에
급급했거든요.
"대감, 요즘 조광조의 콧대가 하늘을 찌릅니다."
"그렇소이다. 조광조의 세력이 임금을 능가하니 이를 어쩌면 좋겠소."
"대감, 이번 기회에 조광조를 내칩시다."
남곤과 심정은 자신들이 당하기 전에 조광조를 먼저 내치기로 뜻을
모았어요. 남곤과 심정은 궁녀들을 매수해,
대궐 후원에 있는 나뭇잎에
꿀로 '주초위왕(조씨가
왕이 되려고
한다.)'

이라는 글씨를
쓰게 했어요. 그러자
달콤한 꿀 냄새를 맡고
벌레들이 몰려와 글자를
갉아먹었어요. 궁녀들은
벌레들이 갉아먹은 나뭇잎을
중종에게 바쳤지요.
 조광조의 급진적인 개혁에 부담을 느끼고
있던 중종은 '주초위왕'이라는 글씨를 보는 순간
조광조에 대한 분노가 치솟았어요. 남곤과 심정은
그런 중종을 옆에서 부추겼답니다.
 "전하, 전하께서 이렇게 계신데도 불구하고 조광조가
온 나라를 제 마음대로 주무르고 있사옵니다. 그러니
조광조를 벌하시어 전하의 권위를 높이십시오."
 중종은 남곤과 심정의 말에 흔들려 조광조에게 사약을
내렸답니다.

✚ 모함이 부른 안타까운 이야기입니다. 어떻게 하면 이런 일을 막을 수 있었을까요? 한번 생각해 보세요.

❓ 조광조(1482~1519)는 조선 중종 때의 문신입니다.

조선 시대 72

# 이황의 아내 사랑

이황의 아내인 권씨 부인은 숙부 권전이 기묘사화에 연루되어 매를 맞는 것을 보게 되었어요. 그 일로 권씨 부인은 큰 충격을 받아 정신이 온전치 못하게 되었지요.
이황은 그런 아내를 불쌍하게 여기고 지극 정성으로 돌보았어요.
어느 날, 이황의 큰형 집에서 할아버지 제사가 있었어요. 모두들 제사상을 차리느라 정신이 없는데, 제사상 위에 놓여 있던 배 하나가 상 아래로 굴러떨어졌어요. 권씨 부인은 상 아래로 떨어진 배를 얼른 치마 속에 감추었답니다. 그러자 이를 본 큰형수가 말했어요.
"이보게, 제사상을 차리는 데 과일이 떨어진 건 우리의 정성이 부족해서야. 그런데 그걸 치마 속에 감추면 어떻게 하나."
큰형수의 말이 끝나자, 주위에 있던 여자들이 낄낄대며 웃었어요.
이황은 자신의 아내가 큰형수에게 혼이 나고 있는 것을 보고 이렇게 사과했어요.
"형수님, 정말 죄송합니다. 다음부터는 이런 일이 없도록 제가 잘 타이르겠습니다. 하오나 손자며느리의 잘못이니, 돌아가신 할아버지께서도 너그러이 이해해 주실 것입니다."
이황이 이렇게 사과를 하자, 큰형수가 웃으며 말했어요.

"동서, 자네는 참 복도 많은 사람이야. 서방님같이 좋은 분을 만났으니 말이야."
그날 이황은 아내를 조용히 따로 불렀어요.
"왜 배를 치마 속에 숨겼소?"
"배가 너무 먹고 싶어서 그랬어요."
이황은 배가 먹고 싶었다는 아내의 말을 듣고 손수 배를 깎아 대접했답니다.

➕ 서로의 부족함마저 사랑으로 감싸 주는 것이 진정한 사랑이랍니다.

🙂 이황(1501~1570)은 조선 명종 때의 문신이자 성리학자로, 도산 서원을 만들어 제자들을 길렀습니다.

## 조선 시대
## 73 임꺽정을 몰라본 도둑

명종 때, 임꺽정이라는 도둑이 있었어요.
임꺽정은 백정의 아들로 태어났는데, 먹고살기가
힘들어서 도둑이 되었답니다. 그는 주로 경기도와 황해도
일대의 관아만을 골라서 털었어요. 그리고 도둑질한
물건들을 굶주린 백성에게 나누어 주었지요.
나라에서는 임꺽정을 붙잡으려고 혈안이 되어 있었어요. 임꺽정을
붙잡기 위해서 그의 부하와 가족을 인질로 붙잡아 가기도 했어요.
임꺽정은 인질들을 구해 내기 위해 부하들과 생선 장수로 변장을
했어요. 생선 장수로 변장한 임꺽정 일행이 산속을 가고 있을 때,
도둑들이 나타났어요.
"네 이놈들, 순순히 짐을 내어놓아라."
임꺽정은 도둑들이 하는 짓을 보고 웃음이
났지만 자신의 신분을 숨기고 순순히
항복하는 척했어요. 도둑들은
그것도 모르고 횡재를
했다며 좋아했어요.

그때 임꺽정이 열 사람 몫의 짐을 두 손으로 번쩍 들어 올리며 말했어요.
"짐이 좀 많은 것 같은데, 제가 들어다 드리겠습니다."
이 광경을 본 도둑들은 깜짝 놀랐어요.
"우, 우리가 자, 잘못했습니다. 제, 제발 요, 용서해 주십시오."
도둑들은 임꺽정의 기세에 눌려 벌벌 떨었어요. 임꺽정 일행은 그 모습을 보고 껄껄 웃었어요. 임꺽정을 위협했던 도둑들은 임꺽정의 부하가 되어 의적 활동을 함께했답니다.

✛ 탐관오리의 횡포와 사회 불안으로 백성들이 살기 힘들 때 곳곳에서 의적이 일어났습니다. 의적은 가난한 사람을 구제하는 의로운 도둑입니다.

👤 임꺽정(?~1562)은 장길산과 함께 조선 시대를 대표하는 의적입니다.

## 조선 시대
## 74 치마 위에 그림을 그린 신사임당

이이의 어머니인 신사임당은 훌륭한 어머니로서도 유명하지만, 시, 서예, 그림, 자수 등에 능한 예술가로서도 이름이 높아요.
신사임당은 일곱 살 때 안견의 그림을 따라 그릴 만큼 예술적 재능이 뛰어났지요.
어느 날, 이웃에 사는 한 여인이 신사임당을 찾아왔어요.
"마님, 이 일을 어쩌면 좋아요?"
"무슨 일인데요?"
"제가 어제 비단 치마를 빌려 입고 잔칫집에 갔었는데 그만 잘못해서 치마에 음식을 쏟았지 뭐예요. 새로 사 줄 형편은 못 되고 어떻게 해야 좋을지 모르겠어요."
신사임당은 여인의 말을 다 듣고 나서 비단 치마를 구석구석 살펴보았어요. 비단 치마에는 큰 얼룩이 묻어 있었는데 쉽게 지워질 것 같지가 않았어요. 신사임당은 한참을 생각하더니 붓과 물감을 가지고 나왔어요. 그런 다음, 비단 치마 위에 그림을 그리기 시작했답니다. 신사임당은 탐스러운 포도송이와 잎사귀 그리고 넝쿨을 순식간에 그려 넣었어요.
이웃에 사는 여인이 걱정스럽게 물었어요.

"마님, 그림이 좋기는 한데 본래 옷이 아니라고 안 받으면 어떻게 하죠?"
"이 치마를 시장에 내다 파세요. 그러면 똑같은 치마를 살 수 있을 거예요."
여인은 신사임당이 시키는 대로 치마를 들고 시장에 갔어요.
먹음직스러운 포도송이가 그려진 치마를 보고
사람들이 너도나도 사겠다고 난리였어요.
덕분에 여인은 치마를 팔아 새 비단 치마를
살 수 있었답니다.

➕ 똑같은 상황도 어떻게 바라보느냐에 따라 결과가 달라질 수 있습니다. 여러분도 신사임당처럼 재치와 지혜를 발휘해 보세요.

☺ 신사임당(1504~1551)은 조선 중기의 예술가로, 다방면에 재주가 있었습니다.

# 친구에게 수명을 나누어 준 정북창

조선 인종 때, 정북창이라는 기인이 살고 있었어요.
어느 날, 절친한 친구인 윤두수가 정북창을 찾아와 물었어요.
"이보게, 내가 앞으로 얼마나 더 살 수 있겠는가?"
"자네는 앞으로 삼 년밖에 더 살지 못하네."
"뭐? 삼 년이라니! 삼 년이라는 시간은 너무 짧네. 그러니 더 살 수 있는 방법을 알려 주게."
윤두수는 정북창에게 더 살 수 있는 방법을 알려 달라고 졸랐어요.
"한 가지 방법이 있기는 있지만……."
"그것이 무엇인가? 어서 좀 가르쳐 주게."
"지금 당장 동대문 밖으로 나가 보게. 그곳에 가면 웬 늙은이가 소달구지에 나무를 싣고 와서 팔고 있을 걸세. 그 늙은이를 만나거든 무조건 살려 달라고 매달리게."
윤두수가 동대문 밖에 나가 보니, 과연 노인이 있었어요.
윤두수는 나무를 파는 노인을 붙잡고 애원했어요.

"어르신, 제발 저를 좀
살려주십시오."
"자네 미쳤는가? 이게 무슨 짓인가?"
"어르신, 저를 꼭 살려주십시오."
윤두수는 미치광이 취급을 받으면서도
노인에게서 떨어지지 않았어요. 윤두수가
끈질기게 매달리고 늘어지자, 노인은 하는 수
없다는 듯 이렇게 말했어요.
"정북창, 네 이놈! 천기를 누설한
대가로 네놈의 수명에서
삼십 년을 떼어 네
친구에게 주겠다."
노인이 먼 곳을 바라보며
소리쳤어요. 나무 파는 노인은 원래
인간의 수명을 관리하는 신이었어요.
정북창은 오래 살고 싶은 친구를 위해 기꺼이
자신의 수명을 나누어 주었답니다.

➕ 수명까지 나누어 줄 수 있는 친구의 이야기가 감동을 줍니다.
여러분도 소중한 친구를 떠올려 보세요.

👤 정북창(1506~1549)은 어릴 적부터 다방면에 능하여 천문, 지리, 음률, 의약, 수학, 한문 등
온갖 학문에 뛰어난 재능을 보였습니다.

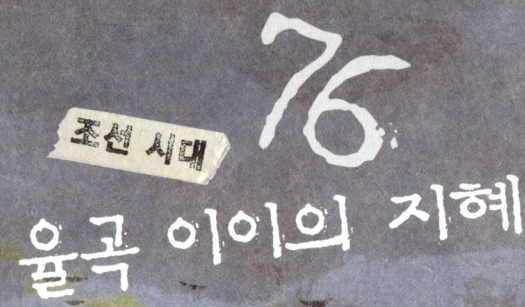

## 조선 시대 76
## 율곡 이이의 지혜

임진왜란이 일어나자, 선조는 신하들과 함께 피란길에 올랐어요. 한양을 떠나 의주로 가기 위해서였어요. 선조 일행이 대궐을 나서려고 하자 비가 내리기 시작했어요. 한시가 다급했던 선조 일행은 내리는 비를 맞으며 피란길에 올랐답니다. 선조 일행은 저녁때가 다 되어서야 임진강에 겨우 도착했어요. 하지만 날은 어둡고 비까지 억수같이 내려 앞을 분간할 수가 없었어요.

"전하, 왜놈들이 바짝 뒤쫓아 오고 있습니다. 한시바삐 강을 건너셔야 합니다."

"날이 이렇게 어두운데 강을 어떻게 건넌단 말이오?"

일행은 아무 대답도 못하고 발만 동동 굴렀어요. 그때 선조를 모시고 피란길에 올랐던 도승지 이항복이 이렇게 말했어요.

"전하, 이곳은 율곡 선생이 말년을 보낸 곳입니다. 율곡 선생은 이런 일이 일어날 줄 미리 알고 강변에 화석정이라는 정자를 짓고, 정자 기둥에다 기름칠을 해 놓았다고 들었습니다."

이항복이 말을 이었어요.

"하오니 전하, 저 언덕 위에 있는 정자를 불태워 강을 건너겠사옵니다."
이항복은 화석정으로 달려가 정자에 불을 붙였어요.
정자에 불을 붙이자, 시뻘건 불길이 훨훨 타올라 주위가 대낮처럼 환해졌어요.
그 덕분에 선조 일행은 무사히 강을 건널 수 있었답니다.

➕ 편안할 때 위기를 준비하라고 했습니다. 미리미리 준비하는 사람에게는 근심이 없는 법입니다.

👤 이이(1536~1584)는 조선 명종과 선조 때의 문신이자 성리학자로 이름이 높았습니다. 《성학집요》,《격몽요결》등을 저술했습니다.

## 77 앞치마가 행주치마가 된 이유
<small>조선 시대</small>

한강 변에 우뚝 솟아 있는 덕양산 자락에 행주산성이 있어요. 임진왜란 때, 3만 명의 왜군이 행주산성으로 쳐들어왔어요. 권율 장군은 만여 명의 군사들과 함께 그들과 맞서 싸웠답니다. 왜군은 신식 무기인 조총을 앞세워 조선군을 공격했어요. 반면에 조총의 수가 턱없이 부족했던 조선군은 활과 창으로 적의 공격을 막아 냈답니다. 조선군은 왜군이 성벽 가까이 다가오기를 기다렸다가 활을 쏘았어요. 하늘에서 쏟아지는 화살 때문에 왜군은 감히 성벽 가까이 접근하지 못했어요. 그러나 왜군은 금세 대열을 정비해 다시 몰려왔답니다.
싸움이 계속될수록 조선군이 불리해져 갔어요.
싸움이 막바지에 다다랐을 때였어요.

"장군, 화살이 다 떨어져 갑니다. 이를 어쩌면 좋겠습니까?"
"그렇다면 하는 수 없구나. 어서 가서 돌을 구해 오거라."
권율은 적이 성벽을 기어오르지 못하도록 위에서 돌을 굴릴 생각이었어요. 하지만 돌을 가져오는 일은 생각보다 어려웠답니다. 군사들은 무거운 돌을 운반하느라 쩔쩔맸어요. 그러자 이를 지켜보던 성안의 부녀자들이 치마에 두르고 있던 앞치마를 이용해 돌 나르는 것을 도왔어요. 부녀자들이 앞치마로 부지런히 돌을 나른 덕분에 조선군은 성벽을 기어오르는 왜군을 모조리 물리칠 수 있었어요. 이때부터 부녀자들이 앞에 두르는 치마를 행주치마라고 부르기 시작했답니다.

➕ '뭉치면 살고 흩어지면 죽는다.'라고 했습니다. 힘을 한군데로 모아 서로 돕는다면 못할 일이 없습니다.

👤 권율(1537~1599)은 조선 선조 때의 문신으로, 행주 대첩을 승리로 이끈 주역입니다.

## 조선 시대
# 한석봉과 떡 써는 어머니

한석봉으로 잘 알려진 한호는 어려서 아버지를 여의고 홀어머니의 손에서 자랐어요. 한호의 어머니는 시장에서 떡 장사를 하며 아들을 키웠어요. 한호는 하루 종일 어머니를 기다리며 땅바닥에다 붓글씨 쓰는 연습을 했답니다.

아들이 붓글씨에 재능이 있다는 것을 안 어머니는 어려운 집안 형편에도 불구하고, 인근의 암자로 보냈어요. 한호는 그곳에서 본격적으로 글도 배우고 붓글씨 쓰는 법도 배웠지요.

삼 년 쯤 지나자, 한호는 붓글씨를 제법 잘 쓰게 되었어요.

'이 정도면 집에 돌아가도 괜찮겠지?'

한호는 자신의 실력에 스스로 만족해하며 암자를 내려왔어요. 어머니는 오랜만에 만나는 아들이 무척 반가웠지만 아무 내색도 하지 않았어요.

"네가 이 시각에 여기는 어쩐 일이냐?"

"어머니, 배울 만큼 다 배우고 돌아왔습니다."

"그래? 그렇다면 어디 얼마나 실력이 늘었는지 한번 보자. 나는 떡을 썰 테니, 너는 글씨를 쓰거라."

한호의 어머니는 이렇게 말하며 등잔불을 껐어요. 캄캄한 어둠 속에서 한호는 글을 쓰고, 어머니는 떡을 썰었지요.

잠시 뒤, 어머니가 다시 등잔불을 밝혔어요. 어머니는 어둠 속에서도
반듯반듯하게 떡을 썰었어요. 하지만 한호가 쓴 글씨는
삐뚤빼뚤해서 알아볼 수가 없었답니다.
한호는 부끄러워서 고개를 들 수가 없었어요. 한호는 그길로 다시
암자로 돌아가서 열심히 붓글씨 쓰는 연습을 했어요.
덕분에 한호는 조선 최고의 명필이 될 수 있었답니다.

➕ 어떤 일에 숙달하기까지는 끊임없는 노력과 정진이 필요합니다.
👤 한호(1543~1605)는 추사 김정희와 쌍벽을 이루는 서예가였습니다. '석봉'은 그의 호입니다.

# 말에서 떨어진 이순신 79
조선 시대

이순신 장군은 어려서부터 무인이 되고 싶었어요.
그래서 스물여덟 살이 되던 해에 무과 시험에 응시했어요.
훈련원 앞마당에서 열리는 무과 시험에 수많은 응시생들이
몰려들었어요. 응시생들은 저마다 활쏘기, 말타기 실력을
뽐냈지요.
이순신이 말을 탄 채 무예를 선보이는 시험에 도전할 때였어요.
무슨 이유에서인지 갑자기 달리던 말이 앞으로 고꾸라졌어요.
그 바람에 이순신은 말에서 굴러떨어졌답니다.
이순신은 왼쪽 발에 심한 통증을 느꼈어요.
'이를 어찌지?'
이순신은 잠시 당황했어요. 하지만 다음 순간, 다리를 절뚝거리며
일어나 훈련원 마당에 있는 버드나무 곁으로 다가갔어요.
그리고 버드나무 껍질을 벗겨 아픈 발을 칭칭 동여맸어요.
그런 다음, 이순신은 다시 말 위에 올라탔어요.
'아직 시험이 끝나지 않았어. 끝까지 최선을 다하는 거야.'
이순신이 말 위에 오르자, 관중들이 격려의 박수를 보냈어요.
"저 청년, 정말 대단하다!"
이순신은 관중들의 박수 속에서 다시 말을 달렸어요.

그러나 이순신은 말에서 떨어졌다는 이유로 불합격했어요.
하지만 그는 무인이 되고 싶다는 꿈을 포기하지 않았어요.
그로부터 사 년 뒤, 이순신은 다시 한 번 무과 시험에 도전해 당당히 합격했답니다.

➕ 실패하더라도 포기하지 않고 계속 도전하면 꿈을 이룰 수 있습니다.

🙂 이순신(1545~1598)은 조선 선조 때의 무신입니다. 임진왜란 때 삼도 수군통제사가 되어 왜군을 무찌르고 나라를 구했답니다.

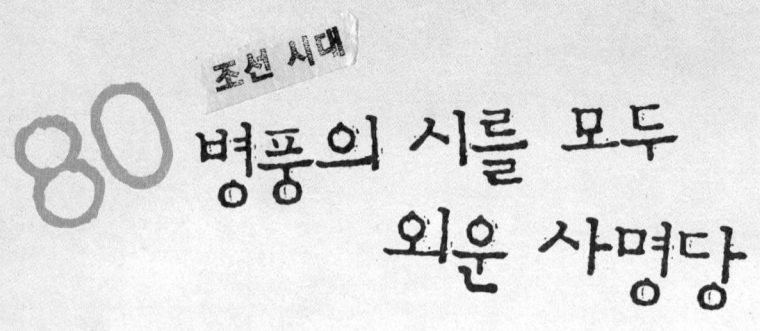

# 80 병풍의 시를 모두 외운 사명당

**조선 시대**

사명당은 임진왜란 때, 승병을 일으켜 나라를 구하는 데 큰 몫을 한 승려입니다.
전쟁이 끝난 뒤, 사명당은 왕명을 받고 왜국으로 건너갔어요.
왜국에 포로로 잡혀간 조선인들을 구해 오기 위해서였지요.
사명당이 왜국으로 건너가자, 왜장인 도쿠가와는 그를 거들떠보지도 않은 채 깊은 산속에 가두었어요. 사명당은 눈 덮인 산속에서 열흘 동안이나 아무것도 먹지 못했지요.
도쿠가와는 사명당이 얼어 죽었을 거라고 생각하고 불러들였어요.
하지만 사명당은 추위에 지친 사람이라고는 볼 수 없을 정도로 얼굴에 화색이 돌았어요. 열흘이나 굶었는데도 배고픈 기색도 전혀 없었지요.
도쿠가와는 사명당이 예사 사람이 아니라는 것을 깨달았어요.
그래서 사신을 보내 정중하게 사과하고 그를 왕궁으로 초대했답니다. 도쿠가와는 자신들의 문화를 조선인에게 자랑하고 싶어서 왕궁 입구에 긴 시가 적힌 병풍을 내다 놓았어요.
사명당은 지나가면서 병풍에 적힌 시를 보고 다 외웠어요.
아무것도 모르는 도쿠가와는 자랑을 늘어놓았어요.

"오시는 길에 세워 놓은 병풍을 보셨습니까?"
"네, 봤습니다."
"보시니까 어떻습니까?"
"우리나라에서는 세 살 꼬마들도 다 아는 글을 병풍에 써 놓으셨더군요."
사명당은 그 자리에서 병풍에 쓰인 시를 한 자도 빠짐없이 다 읊었어요.
그러자 왜장인 도쿠가와는 사명당을 당할 수 없다고 생각해서 포로로
잡혀 온 조선인들을 모두 되돌려 보냈답니다.

➕ 내면의 힘이 강한 사람은 어떤 위협과 협박에도 굴하지 않는답니다.

💡 사명당(1544~1610)은 조선 선조 때의 승려 유정의 호입니다. 사명당은
임진왜란이 일어나자 승병을 일으켜 왜군과 맞서 싸웠답니다.

# 81 조선 시대 홍의 장군 곽재우

임진왜란이 일어나자, 곽재우는 나라를 구하기 위해 의병을 일으켰어요. 곽재우는 항상 붉은 옷을 입고 나가서 싸웠어요. 그래서 사람들은 곽재우를 '홍의 장군'이라고 불렀답니다.

어느 날, 곽재우는 왜군들이 진주성을 치려고 한다는 첩보를 입수했어요. 곽재우는 서둘러 의병을 이끌고 진주로 향했어요. 곽재우 일행이 진주 근처에 다다랐을 때, 왜군들이 강물 위에 깃발을 꽂고 있는 것이 보였어요. 강을 건너기 편하도록 물이 얕은 곳만을 골라 깃발을 꽂고 있었던 것이지요.

이 광경을 본 곽재우에게 좋은 생각이 떠올랐어요.

'어디 한번 골탕 좀 먹어 봐라.'

곽재우는 날이 저물기를 기다렸다가 부하들과 함께 강으로 갔어요. 그러고는 왜군들이 꽂아 놓은 깃발을 모두 거두어들였어요. 그런 다음 깃발들을 진창에 다시 꽂아 놓았답니다.

날이 밝자, 왜군들은 깃발을 따라 강을 건너기 시작했어요. 아무것도 모르는 왜군들은 강을 건너려다가 진창에 빠져 허우적거렸답니다.
"아니, 이게 어떻게 된 일이지?"
왜군들이 당황해하고 있을 때, 곽재우가 부하들과 함께 나타났어요.
"호, 홍의 장군이다. 이 모든 것이 홍의 장군의 계략이었구나."
왜군들은 곽재우를 보는 순간 자신들이 속았음을 깨달았어요.
진창에 빠진 왜군들은 제대로 한번 싸워 보지도 못하고 모두 패했답니다.

➕ 지략이 없이 힘만 가지고는 싸움에서 이길 수가 없습니다.

👤 곽재우(1552~1617)는 조선 선조 때의 의병장입니다. 의병은 외적의 침입을 물리치기 위해 백성들이 자발적으로 조직한 군대입니다.

# 82 코끼리를 따라간 허준

조선 시대

《동의보감》으로 잘 알려진 허준이 젊었을 때의 일이에요.
갓 어의가 된 허준은 명나라에 사신으로 가게 되었어요.
사신 일행은 진귀한 약초를 구하기 위해 무려산으로 갔답니다.
일행이 무려산에 다다랐을 때 갑자기 한 무리의 코끼리 떼가 나타나
앞을 가로막았어요.
"아니, 무슨 일이지?"
사신 일행이 놀라서 우왕좌왕할 때였어요. 그때 코끼리 한 마리가
허준의 옷자락을 잡아끌었어요. 허준은 뭔가에 홀린 사람처럼
말에서 내렸답니다.
코끼리는 말에서 내린 허준을 자기 등에 태웠어요.
그리고 깊은 산속으로 마구 내달렸지요.
허준은 속으로 겁이 났어요.
'도대체 나를 어디로 데리고 가는 거지?'
그때 커다란 굴이 하나 보였어요. 코끼리는 허준을 굴속으로 데리고

들어갔답니다. 굴속에는 어린 코끼리 세 마리가 피를 흘리며 쓰러져 있었어요.
'아니, 이게 무슨 일이란 말인가?'
허준은 깜짝 놀라 다친 아기 코끼리들을 자세히 살펴보았어요.
다행히 코끼리들의 상처는 그리 깊지 않았어요.
허준은 약초를 구해 코끼리들의 상처를 치료해 주었답니다.
아기 코끼리들은 곧 건강을 회복했어요.
어미 코끼리는 고맙다는 듯 무릎을 꿇고 절을 했어요.
그 후, 어미 코끼리는 허준을 사신들이 머무는 숙소까지 데려다 주었답니다.

➕ 훌륭한 의사는 생명의 소중함을 알고 생명을 살리기 위해 끝까지 노력합니다.

👤 허준(1539~1615)은 조선 선조와 광해군 때의 명의로, 유명한 의학 서적인 《동의보감》을 펴냈습니다.

# 깨진 달걀

**조선 시대**

오성 이항복과 한음 이덕형은 둘도 없는 단짝이었어요.
어느 날, 오성과 한음은 시장 구경을 갔어요.
그날따라 시장은 많은 사람들로 인해 발 디딜 틈이 없었지요.
그런데 그만 오성이 실수로 달걀을 깨고 말았어요.
한음을 피하려다가 좌판에 놓인 달걀 한 줄을 떨어뜨린 거예요.
마침 달걀 주인은 딴 데 신경을 쓰느라 오성이 달걀을 깨는 것을
보지 못했답니다. 그러자 한음이 달걀 주인에게 다가가 말했어요.
"아저씨, 제가 잘못해서 달걀을 깼어요."
"아니, 뭐야?"

그러자 오성이 두 사람 사이에
끼어들었어요.
"아저씨, 달걀을 깬 건 저 애가
아니라 바로 저예요."
오성과 한음은 서로 자신이
달걀을 깼다고 했어요.
그러자 달걀 주인이 허허
웃으며 말했어요.

"다른 애들 같았으면 서로 자기가 깨지 않았다고 미룰 텐데, 너희는 서로 자기가 깼다고 하니, 참 기특하구나. 달걀 값은 받지 않을 테니 그냥 가거라."
달걀 주인은 오성과 한음을 기특하게 여겨서 그냥 돌려보냈답니다.
집으로 돌아간 오성과 한음은 달걀 한 줄씩을 들고 다시 시장에 갔어요.
"아저씨, 달걀을 깬 건 저니까 제 것을 받으세요."
"아니에요, 아저씨. 쟤가 저 때문에 달걀을 깼으니까 제 달걀을 받으세요."
오성과 한음은 서로 달걀을 갚겠다고 했어요.
그러자 달걀 주인이 허허 웃으며 말했어요.
"정 그렇다면 깨진 달걀이 한 줄이니까, 서로 반 줄씩만 다오."
오성과 한음은 그 일을 계기로 더욱 친한 친구가 되었답니다.

➕ 곤란한 일을 겪었을 때 서로의 잘못을 감싸줄 수 있는 친구가 참된 친구입니다.

❓ 오성 이항복(1556~1618)과 한음 이덕형(1561~1613)은 조선 선조와 광해군 때의 문신입니다.

조선 시대

# 84 무명옷을 입은 대감 부인

조선 인조 때, 인조의 고모인 정명 공주의 집에서 큰 잔치가
벌어졌어요. 잔치에는 장안의 내로라하는 부인들이 다
초대되었답니다.
부인들은 저마다 화려하게 치장을 하고 잔칫집에 나타났어요.
무명옷을 입은 한 늙은 부인만 빼고 말이죠.
늙은 부인을 보고 부인들은 이렇게 수군거렸어요.
"저 사람은 누구요?"
"정경부인은 아닌 것 같고, 양반 댁에서 일하는 하인인 모양입니다."
그때 늙은 부인을 본 정명 공주가 버선발로 달려 나왔어요.
"아니, 저 부인이 뉜데 공주께서 저렇게 반갑게 맞이하는
거요?"
"글쎄, 난들 알겠소."
부인들은 늙은 부인의 정체가 몹시 궁금했어요.
하지만 그 늙은 부인이 누군지 아무도 몰랐답니다.

정명 공주는 늙은 부인에게 맛있는 음식을 대접했어요.
"차린 건 없지만 많이 드십시오."
"다 너무 맛있게 보여서 어디서부터 먹어야 할지 모르겠습니다."
늙은 부인은 정명 공주가 차려 준 음식을 맛있게 먹었어요.
얼마 뒤, 늙은 부인이 자리에서 일어서려고 하자 정명 공주가 이를 말렸어요.
"모처럼 나오셨는데, 좀 더 놀다 가세요."
"지금 가야 식사도 못 하고 궁에 간 대감과 큰아들, 둘째 아들을 위해 저녁상을 차릴 수 있습니다."
늙은 부인은 바로 으뜸 벼슬인 도제조 이정구 대감의 부인이었어요.
두 아들도 모두 높은 벼슬에 있었고요.
다른 부인들은 그런 부인을 몰라 본 것을 두고두고 후회했답니다.

✚ 사람의 참모습은 겉모습이 아닌 속마음에서 나옵니다.

ⓘ 이정구(1564~1635)는 조선 시대의 문신이자 학자로, 글씨에도 뛰어났답니다.

## 85. 가시나무로 고기를 잡은 임경업

**조선 시대**

장군 임경업은 명나라와 조선이 힘을 합해 청나라를 물리쳐야 한다고 생각했어요. 그래서 청나라 몰래 명나라로 건너갈 방법을 연구했지요. 임경업은 감시가 덜한 바닷길이 안전하다고 판단했어요. 그래서 배를 빌리기 위해 장사꾼들에게 큰돈을 벌게 해 주겠다고 접근했답니다. 장사꾼들은 멋도 모르고 따라나섰다가 명나라가 목적지임을 알고 술렁이기 시작했어요.

"어떻게 하면 다시 조선으로 돌아갈 수 있을까?"

장사꾼들은 조선으로 돌아가고 싶어서 일부러 물과 식량을 바다에 던져 넣었어요. 그리고 이렇게 하소연을 했지요.

"장군님, 배 안의 물과 식량이 전부 바닥났습니다. 이를 어쩌면 좋겠습니까?"

임경업은 장사꾼들의 속셈을 눈치챘어요. 그래서 육지가 아닌 연평도로 배를 몰고 갔답니다. 임경업은 배가 어느 한 지점에 닿자 바닷물을 퍼 담으라고 했어요.

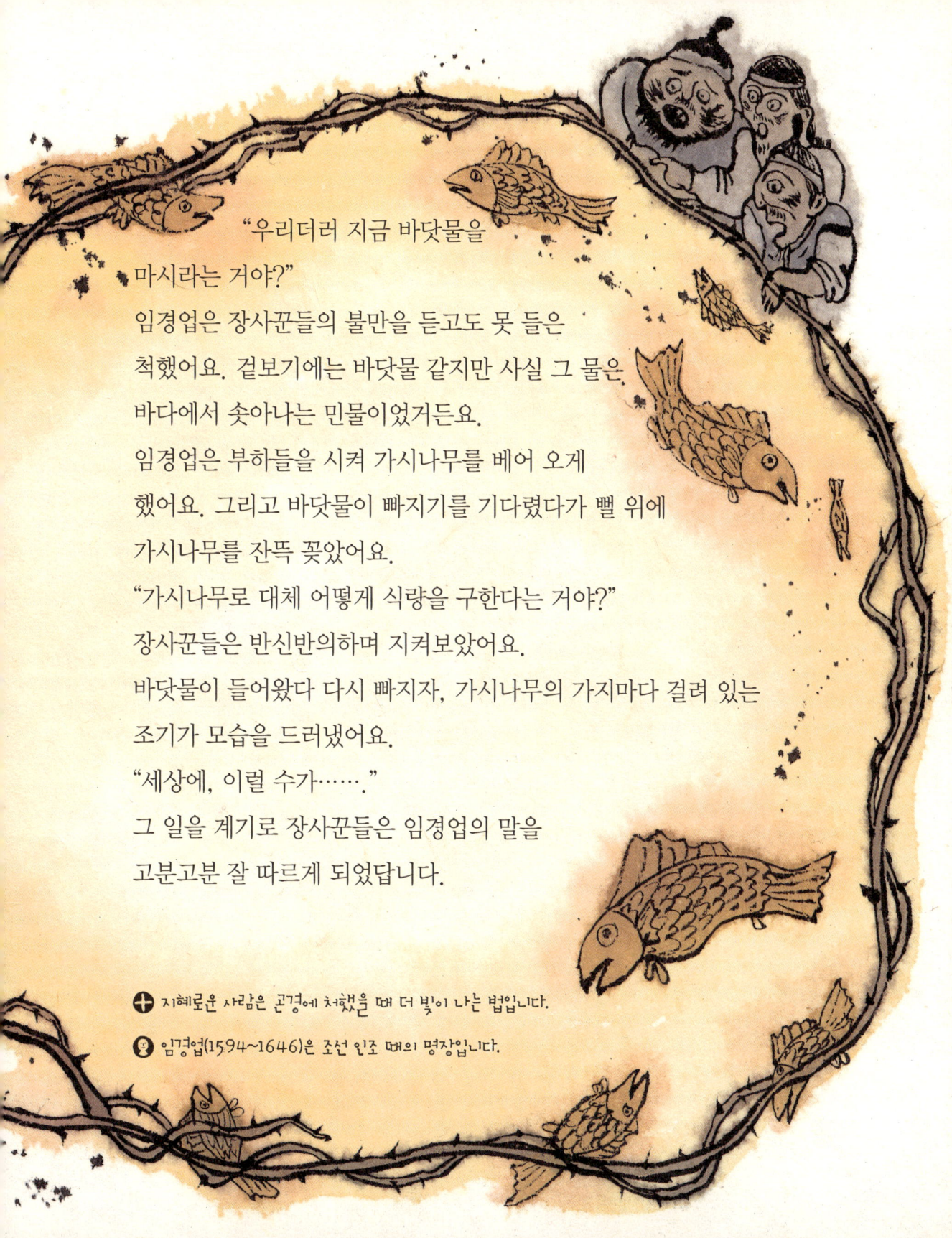

"우리더러 지금 바닷물을 마시라는 거야?"
임경업은 장사꾼들의 불만을 듣고도 못 들은 척했어요. 겉보기에는 바닷물 같지만 사실 그 물은 바다에서 솟아나는 민물이었거든요.
임경업은 부하들을 시켜 가시나무를 베어 오게 했어요. 그리고 바닷물이 빠지기를 기다렸다가 뻘 위에 가시나무를 잔뜩 꽂았어요.
"가시나무로 대체 어떻게 식량을 구한다는 거야?"
장사꾼들은 반신반의하며 지켜보았어요.
바닷물이 들어왔다 다시 빠지자, 가시나무의 가지마다 걸려 있는 조기가 모습을 드러냈어요.
"세상에, 이럴 수가……."
그 일을 계기로 장사꾼들은 임경업의 말을 고분고분 잘 따르게 되었답니다.

✚ 지혜로운 사람은 곤경에 처했을 때 더 빛이 나는 법입니다.
☯ 임경업(1594~1646)은 조선 인조 때의 명장입니다.

# 색동옷을 입은 김만중

86 조선 시대

김만중은 어려서 아버지를 여의고 홀어머니 손에서 자랐어요. 그의 아버지 김익겸은 병자호란 때 전쟁터에서 목숨을 잃었지요. 윤씨 부인은 어려운 형편 속에서도 두 아들에게 글공부를 시켰어요. 김만중과 그의 형 김만기는 어머니를 기쁘게 해 드리기 위해 열심히 글공부를 하여 같은 해에 나란히 과거에 급제했어요. 나라에서는 과거에 급제한 사람에게 휴가를 주어 부모님을 찾아뵙게 했지요. 두 형제는 집으로 가면서 이야기를 나누었어요.

"형님, 이번 기회에 어머니를 위해 잔치를 열어 드리면 어떨까요?"

"그것 참 좋은 생각이구나. 이웃과 친지들을 모두 초대해서 잔치를 벌이자꾸나."

"형님, 이왕 잔치를 여는 김에 우리 어머니를 정말 즐겁게 해 드립시다."

김만중은 이렇게 말하며 키득키득 웃었어요.

"왜 그러느냐?"

"형님, 초나라 사람인 노래자는 나이 일흔에 늙은 부모님을 기쁘게 해 드리기 위해 색동저고리를 입고 기어 다녔다고 합니다."
"그래서 우리도 색동저고리를 입고 어머니 앞에서 기자는 것이냐?"
"기는 건 좀 그렇고, 춤추는 정도는 괜찮을 것 같은데요."
"좋아, 그렇게 하자."
이렇게 해서 두 형제는 어머니를 기쁘게 해 드리기 위해 색동옷을 차려입고 많은 사람들이 지켜보는 가운데 덩실덩실 춤을 추었어요.
윤씨 부인은 이들들의 재롱을 보며 한바탕 웃었답니다.

➕ 부모님을 위하는 형제의 마음이 참 아름답습니다. 여러분도 부모님을 웃게 해 드릴 일을 생각해서 실천해 보세요.

❓ 김만중(1637~1692)은 조선 현종 때의 문신으로, 한글 소설인 《구운몽》과 《사씨남정기》를 썼습니다.

# 87 조선 시대
## 노래하는 상제와 춤추는 스님

조선 숙종은 백성들이 어떻게 생활하는지 궁금했어요. 그래서 가끔씩 평민 복장을 하고 대궐을 나와 백성들의 생활을 엿보곤 했답니다.

그러던 어느 날, 숙종은 한 집 앞을 지나다가 상복을 입은 상제는 노래를 하고, 스님은 춤을 추고, 노인은 목 놓아 우는 것을 보게 되었어요. 숙종은 호기심을 참을 수가 없어서 들어가 물었어요.

"지나가다가 본의 아니게 방 안을 엿보게 되었소. 무슨 일인지 물어봐도 되겠소?"

그러자 상복을 입고 노래하던 남자가 대답했어요.

"오늘은 여기 계신 우리 아버지의 생신입니다. 그래서 저는 아버지를 기쁘게 해 드리기 위해 노래를 하고, 제 아내 역시 아버지를 기쁘게 해 드리기 위해 춤을 추고 있는 중입니다."

숙종은 잘 이해가 되지 않는다는 듯 다시 물었어요.

"아니, 그런데 자네 아버지는 왜 울고 계신가?"

"그건 제 아내가 아버지의 생신상을 마련하기 위해 머리를 깎아 내다 팔았기 때문입니다."

"난 스님인 줄 알았네그려. 그런데 자네는 왜 상복을 입고 있는가?"

"제가 가진 옷 중에 가장 좋은 옷이 이것뿐입니다."
숙종은 남자의 말을 다 듣고 나서 코끝이 찡했어요.
"자네, 글은 좀 아는가?"
"네, 물론입니다."
"며칠 뒤에 나라에서 과거를 본다고 하니 꼭 참가하도록 하게."
숙종은 이렇게 당부하며 남자의 집을 나왔어요.
며칠 뒤, 남자는 과거를 보러 갔다가 깜짝 놀랐어요.
시험 제목이 '상제는 노래하고, 스님은 춤추고, 노인은 탄식한다.'
였거든요. 남자는 자신에게 있었던 일을 글로 적어 내려갔어요.
덕분에 장원 급제해 아버지를 잘 모시게 되었답니다.

➕ 아무리 힘들고 어려워도 효도는 마땅히 해야 할 도리입니다.

👤 숙종(1661~1720)은 조선의 제19대 왕입니다.

## 조선 시대
# 어사 박문수를 조카로 둔 백정

영조 때, 암행어사 박문수는 전국을 떠돌며 못된 벼슬아치들을 혼내 주고 백성들의 억울함을 풀어 주기로 유명했어요.
어느 날, 박문수는 안동에 갔다가 그곳에 자신의 삼촌이 살고 있다는 이야기를 들었어요.
'아니, 나도 모르는 삼촌이 안동에 살고 있다고?'
박문수는 부하들을 시켜 그 사람의 뒤를 조사하게 했어요. 알고 보니 그 사람은 돈 많은 백정이었어요. 양반이 너무 되고 싶었던 백정은 안동에 내려와 자신이 박문수의 삼촌이라고 하면서 마을 사람들에게 인심을 베풀었지요.
박문수는 그 백정을 꼭 한 번 만나 보고 싶었어요. 그래서 고을 원님과 함께 백정의 집을 찾아갔답니다.
박문수 일행의 방문에 깜짝 놀란 백정은 애써 침착함을 유지하며 이렇게 말했어요.
"조카, 참으로 오랜만일세."
백정은 살갑게 일행을 맞아들였어요. 그리고 한 상 잘 차려 일행을 대접했답니다. 아무것도 모르는 고을 원님은 그가 진짜로 박문수의 삼촌인 줄 알았어요.

박문수 일행이 돌아가려고 하자, 백정이 말했어요.
"이보게, 먼 길 오느라 힘들었을 테니, 오늘은 우리 집에서 자고 가게."
"네, 그렇게 하겠습니다."
박문수는 백정이 어떻게 나오나 보려고 그의 집에 남았어요.
원님이 돌아가고 나자, 백정은 손이 발이 되게 빌었어요.
"나리, 소인이 죽을 죄를 지었습니다."
백정은 그동안 있었던 일들을 털어놓은 뒤 용서를 빌었어요.
박문수는 그에게 나쁜 뜻이 없음을 알고 잘못을 눈감아 주었답니다.

➕ 남들을 속이고 거짓 행세를 하면 안 되겠지요.
하지만 잘못을 스스로 뉘우치게 하는 것도 중요합니다.

👤 박문수(1691~1756)는 조선 영조 때의 문신입니다.

### 조선 시대
# 89 현명한 왕비 정순 왕후

영조는 왕비를 뽑기 위해 후보 규수들에게 세 가지 질문을 했어요.

"이 세상에서 가장 맛있는 음식이 무엇이오?"

"떡이 제일 맛있습니다."

"떡보다는 국수가 더 맛있습니다."

아가씨들은 모두들 자기가 좋아하는 음식 이름을 댔어요.

그런데 오흥부원군 김한구의 딸은 이렇게 대답을 했답니다.

"세상에서 가장 맛있는 음식은 소금이옵니다. 소금은 모든 음식이 제맛을 낼 수 있도록 도와주기 때문입니다."

영조는 그 말을 듣고 자기도 모르게 고개를 끄덕였어요.

이어 영조가 두 번째 질문을 했어요.

"이 세상에서 가장 아름다운 꽃은 무슨 꽃인가?"

"국화꽃입니다."

"국화꽃도 아름답지만 모란꽃이 더 크고 아름답습니다."

이번에도 오흥부원군 김한구의 딸만이

이렇게 대답을 했어요.
"세상에서 가장 아름다운 꽃은 목화이옵니다.
목화로는 옷을 만들 수 있으니, 그보다 더
아름다운 꽃이 어디 있겠습니까."
영조는 이 대답에 크게
만족해했어요.
이어서 영조는 세 번째
질문을 했어요.
"세상에서 가장 깊은 것이
무엇인가?"
아가씨들은 저마다 깊다고 생각하는 것들을 말했어요.
그때 오흥부원군 김한구의 딸은 사람의 마음이 가장 깊다고
대답했답니다. 영조는 그 말에 크게 감동해 김한구의 딸을 왕비로
삼았어요. 그녀가 바로 정순 왕후랍니다.

 현명한 사람은 신중하게 생각하고 말합니다.
여러분도 지혜로운 사람이 되도록 노력해야 합니다.

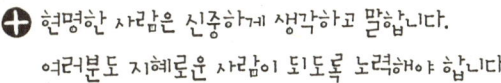 정순 왕후(1745~1805)는 조선 제21대 왕 영조의
왕비입니다.

## 90 이천 냥을 주고 매화를 산 김홍도

조선 시대

정조 때의 유명한 화가인 김홍도는 매화를 무척 좋아했어요. 하지만 가난한 집안 형편 때문에 눈으로만 매화를 즐겼답니다. 어느 날, 김홍도는 시장 앞을 지나다가 매화 한 그루를 보게 되었어요. 겨울 추위가 채 가시기도 전에 꽃을 피운 설중매였어요. 김홍도는 아름다운 매화를 보고 반해서, 주인에게 물었답니다.

"이 매화 얼마요?"

"이천 냥만 주시오."

"네? 이천 냥이라고요?"

김홍도는 매화 한 그루에 이천 냥이라는 말에 깜짝 놀랐어요. 그 돈이면 온 집안 식구들이 일 년은 배불리 먹고도 남을 만큼의 양식을 살 수 있었기 때문이에요. 김홍도는 입맛을 쩍 다시며 발길을 돌렸어요. 매화가 너무 갖고 싶었지만 돈이 없었기 때문이에요. 그러던 어느 날, 한 부잣집 양반이 김홍도에게 그림을 그려 달라고 했어요. 자나 깨나 매화 생각뿐이던 김홍도는 이렇게 배짱을 부렸답니다.

"그림값으로 삼천 냥을 주십시오. 그렇지 않으면 못 그려 드립니다."

"좋소. 삼천 냥을 드리리다."

부잣집 양반은 순순히 삼천 냥을 건넸어요.
김홍도는 그 길로 매화를 사러 달려갔어요.
"이보시오, 주인장, 여기 이천 냥을 가지고 왔소. 그러니 어서 매화를 내게 주시오."
김홍도는 이천 냥을 주고 그렇게 갖고 싶었던 매화를 품에 안았어요.
그리고 그 매화를 보며 화폭에 가득 매화 그림을 담았답니다.

- 꿈이 현실이 되는 건 여러분의 간절함과 노력에 달려 있습니다.
- 김홍도(1745~?)는 조선 정조 때의 화가로 한국적인 산수화와 풍속화를 그렸습니다. 특히 해학과 풍자가 섞인 풍속화는 서민들의 생활을 잘 보여 줍니다.

## 91 최익현, '상투 대신 목을 잘라라!'

조선 시대

고종 때, 내부대신 유길준은 서양 문물을 적극 받아들여 조선을 개혁하려 했어요. 그래서 '단발령(머리카락을 짧게 자르는 것)'을 내렸어요. 그러나 백성들은 이를 거부했지요. 생각 끝에 유길준은 선비들에게 두터운 신망과 존경을 받던 최익현을 서울로 압송했어요. 그가 머리카락을 자른다면 전국의 선비들이 따를 것이라는 생각에서였어요.
"선생님, 얼마 전 전하께서 단발을 하셨습니다. 그러니 선생께서도 단발을 하셔서 다른 사람들에게 모범을 보여 주십시오."
유길준은 최익현에게 단발할 것을 간곡히 부탁했어요.
하지만 최익현은 두 눈을 부릅뜨며 이렇게 말했어요.
"단발은 문명인을 야만인으로 만드는 짓이오!"
조선 시대에는 남자건 여자건 할 것 없이 모두 다 머리를 길게 길렀어요. 부모에게서 물려받은 머리카락을 잘 돌보는 것이 효도의 시작이라고 생각했기 때문이에요. 최익현은 단발은 야만인들이나 하는 짓이라고 호통을 쳤어요.
그러자 유길준은 이런 말로 최익현을 설득하기 시작했어요.
"그렇지 않습니다. 선생님께서도 단발을 해 보시면 알겠지만,

단발을 하면 위생적이고 활동하기에도 얼마나 편한지 모릅니다."
최익현은 유길준의 말을 끝까지 들은 다음, 이렇게 말했어요.
"그대가 내 머리카락을 자르고 싶다면 내 머리부터 먼저 잘라야 할 것이오. 내 목은 자를지언정, 내 머리카락은 내어 줄 수 없소!"
최익현의 말에 너무 놀란 유길준은 아무 말도 못하고 물러나고 말았답니다.

➕ 때론 변화를 받아들이는 것보다 소신을 지키는 일이 더 어렵습니다.

👤 최익현(1833~1906)은 조선 고종 때의 유학자이자 애국 지사입니다.

# 녹두 장군 전봉준

조선 시대

92

전라도 고부 땅에 전봉준이라는 아이가 살았어요.
전봉준은 또래에 비해 키가 작고 몸집이 단단했어요.
그래서 친구들은 그를 녹두 장군이라고 불렀답니다.

전봉준은 녹두 장군이라는 별명이 마음에 들지 않았어요.
그래서 아버지에게 이렇게 불평을 했답니다.
"아버지, 왜 나는 다른 애들보다 키가 작을까요?"
"미안하다. 모두가 다 내 탓이다."
"아버지가 왜 미안해요?"
"내가 잘 거두어 먹여야 하는데, 그러지 못하니까 하는 말이지."
아버지는 그렇게 말하면서 아들의 머리를 쓰다듬었어요.
전봉준의 아버지는 남의 땅을 빌려 농사를 짓는 소작농이었어요.
아버지는 이른 새벽부터 늦은 밤까지 들에 나가 농사를 지었지만
집안 형편은 조금도 나아지지 않았지요.
아버지는 작은 키 때문에 고민하는 아들을 이렇게 격려했어요.
"아들아, 녹두는 알맹이가 작고 아주 단단하단다. 또 여러모로
쓸모가 많지. 너도 녹두처럼 단단하고 쓸모 있는 사람이 되거라."
"네, 아버지."
전봉준의 아버지는 얼마 뒤, 고부 군수 조병갑의 횡포에 항의하다가
매를 맞고 죽었어요. 전봉준은 아버지의 죽음을 계기로 농민들이
살기 좋은 세상을 만들기 위해 동학 농민 운동을 일으켰답니다.

➕ 말 한마디가 얼마나 큰 힘을 갖고 있는지 보여 주는 이야기입니다.
전봉준의 아버지처럼 여러분도 누군가에게 힘을 주는 말을 해 보세요.

😀 전봉준(1855~1895)은 동학 농민 운동의 지도자입니다.

## 93 신채호의 젖은 옷

*일제 강점기*

신채호는 독립이란 주어지는 것이 아니라 쟁취하는 것이라고 생각했어요. 그래서 빼앗긴 조국을 되찾기 위해 중국으로 건너가 독립운동을 했답니다. 중국으로 건너간 신채호는 이광수와 한집에 살게 되었어요. 이광수는 2·8 독립 선언서의 초안을 작성했다는 이유로 일본 경찰에게 쫓겨 중국으로 건너왔지요. 같은 집에서 살게 된 이광수는 자신보다 나이가 많은 신채호를 깍듯이 모셨어요.
어느 날, 이광수는 신채호에게서 이상한 버릇 하나를 발견했어요. 신채호는 아침마다 고개를 꼿꼿이 세우고 세수를 했답니다. 그러다 보니 신채호의 단벌옷은 늘 물에 젖어 있었어요. 이광수는 젖은 옷을 입고 생활하는 신채호가 답답했어요.
"선생님, 어쩌자고 고개를 꼿꼿이 세우고 세수를 하십니까? 세수를 할 때는 고개를 숙여야 옷이 젖지 않습니다."
이광수의 말을 듣고, 신채호가 대답했어요.
"이보게, 나를 어린아이 취급하지 말게. 내게는 다 그럴 만한 이유가 있으니까."
"선생님, 그 이유가 무엇인지 여쭈어도 되겠습니까?"
"나는 아침마다 찬물에 세수를 하면서 이렇게 다짐을 하곤 하네. 절대로 일본에게 허리를 굽히지 않겠다고 말일세."

신채호가 말을 이었어요.
"내가 아침마다 고개를 꼿꼿이 세우고 세수를 하는 것은 그런 의지를 다지기 위함이니, 자네는 못 본 척하게."
이광수는 비로소 신채호의 깊은 뜻을 알 수 있었답니다.

➕ 다른 사람이 뭐라고 하든 신념을 지키는 것이 중요합니다.
🙂 신채호(1880~1936)는 독립운동가이자 언론인으로, 독립운동과 국사 연구에 힘썼습니다.

## 아들 구두를 자른 조만식

일제 강점기 94

조만식은 어떻게 하면 일본의 지배에서 벗어날 수 있을까 하고 고민했어요.
'그래, 경제적 자립이 필요해. 그러면 일본도 우리나라를 어쩌지 못할 거야.'
조만식은 이런 생각으로 조선 물산 장려 운동을 시작했어요. 조선 물산 장려 운동은 우리 옷을 입고, 우리 농산물을 먹고, 우리 토산품을 사용하자는 운동이랍니다. 조만식은 많은 사람들이 이 운동에 동참하기를 바라며 '물산 장려가'를 지어 보급했어요.

산에서 금이 나고, 바다에 고기,
들에서 쌀이 나고 목화도 난다.
먹고 남고 입고 쓰고도 남을
물건을 낳아 주는 삼천리 강산.

노래 덕분에 물산 장려 운동은 전국적으로 확대되었답니다. 그러던 어느 날, 조만식은 외출에서 돌아온 아들이 새 구두를 신고 있는 것을 보았어요.
"못 보던 구두구나?"

"아, 이거요? 유행이라고 해서 하나 샀어요."
"이리 가져와 보거라."
조만식은 아들이 새로 산 구두를 가위로 싹둑싹둑 잘랐어요.
"아버지, 아껴서 신으려고 큰맘 먹고 산 구두예요. 그런데 그걸 잘라 버리면 어떻게 해요?"
그러자 조만식은 아들을 불러 앉혀 놓고 이렇게 타일렀어요.
"얘야, 아들인 네가 내 말을 따르지 않는다면, 누가 내 말을 따르겠느냐? 우리가 먼저 모범을 보여야지, 안 그러냐?"
아들은 자신의 생각이 짧았다는 것을 깨달았어요.
"죄송해요, 아버지."
"아니다. 내가 더 미안하다."
그러면서 조만식은 자신이 아끼는 고무신을 아들에게 주었어요.

✚ 윗물이 맑아야 아랫물이 맑다고 했습니다. 아버지가 모범을 보이면 아들은 아버지를 닮게 마련입니다.

☻ 조만식(1882~1950)은 독립운동가입니다.

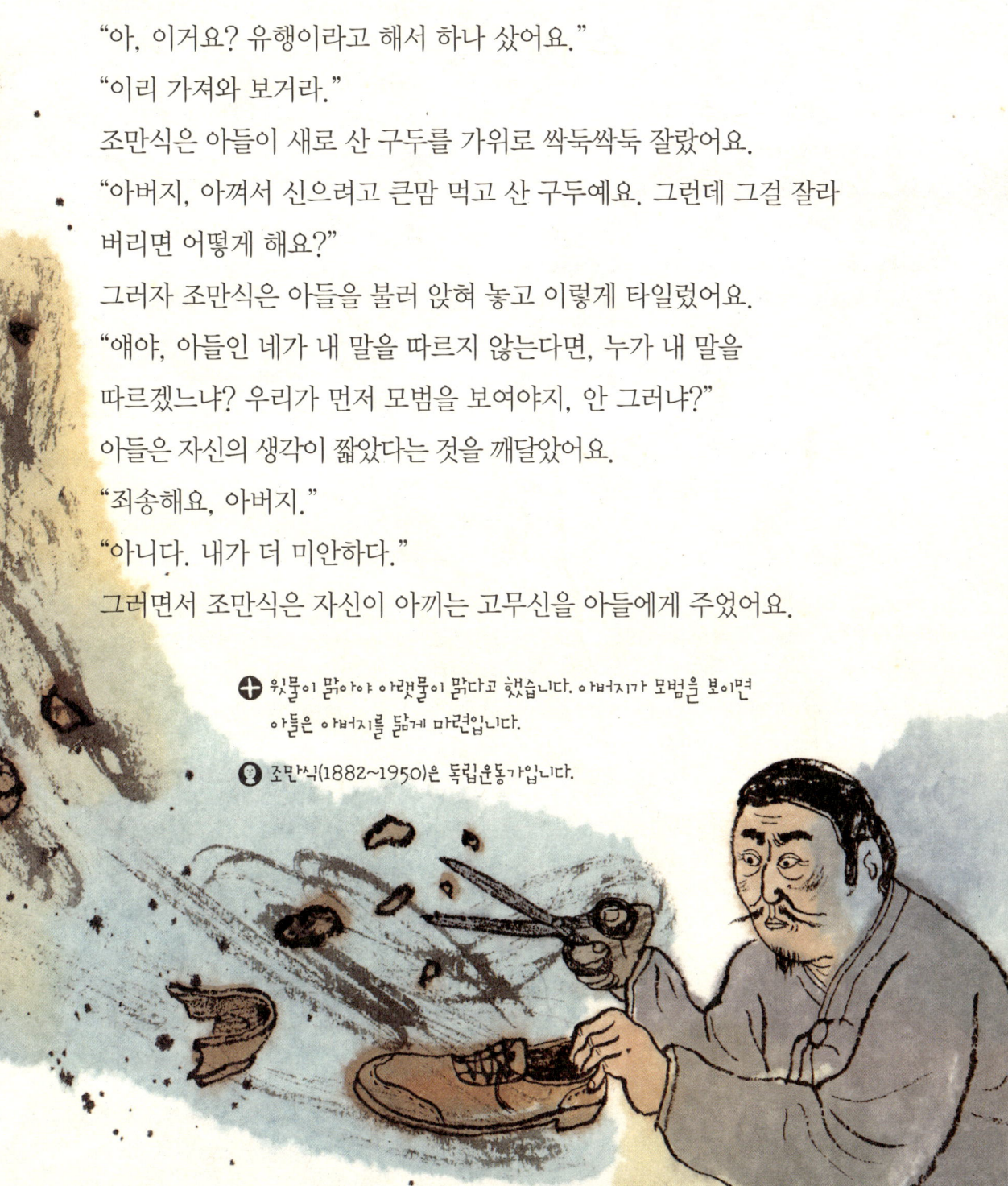

## 95. 호랑이를 이긴 유관순

**일제 강점기**

독실한 기독교 집안에서 자란 유관순은 교회 학교에서 한글과 숫자 등을 배웠어요. 유관순은 영리해서 하나를 가르쳐 주면 둘을 깨우쳤답니다. 선교사의 부인인 사애리시 여사는 그런 유관순을 눈여겨보았어요.

"관순이 아버지 어머니, 저는 여자도 배워야 한다고 생각합니다. 그래서 말인데, 관순이를 서울로 유학 보내면 어떨까요?"

"암요, 여자도 배워야지요. 하지만 서울에는 아는 사람도 하나 없고, 학비도 만만치 않을 텐데, 걱정입니다."

"그런 건 걱정하지 마십시오. 제가 관순이가 장학생으로 입학할 수 있도록 돕겠습니다."

"그렇게 해 주신다면 저희는 더 바랄 것이 없습니다."

이렇게 해서 유관순은 서울에 있는 이화 학당으로 유학을 가게 되었어요. 서울로 떠나기 전날, 유관순은 마을 뒷산에 올라가 고향 마을을 내려다보았어요. 정든 고향을 떠나서 서울로 가야 한다고 생각하니 서운한 생각이 들었거든요.

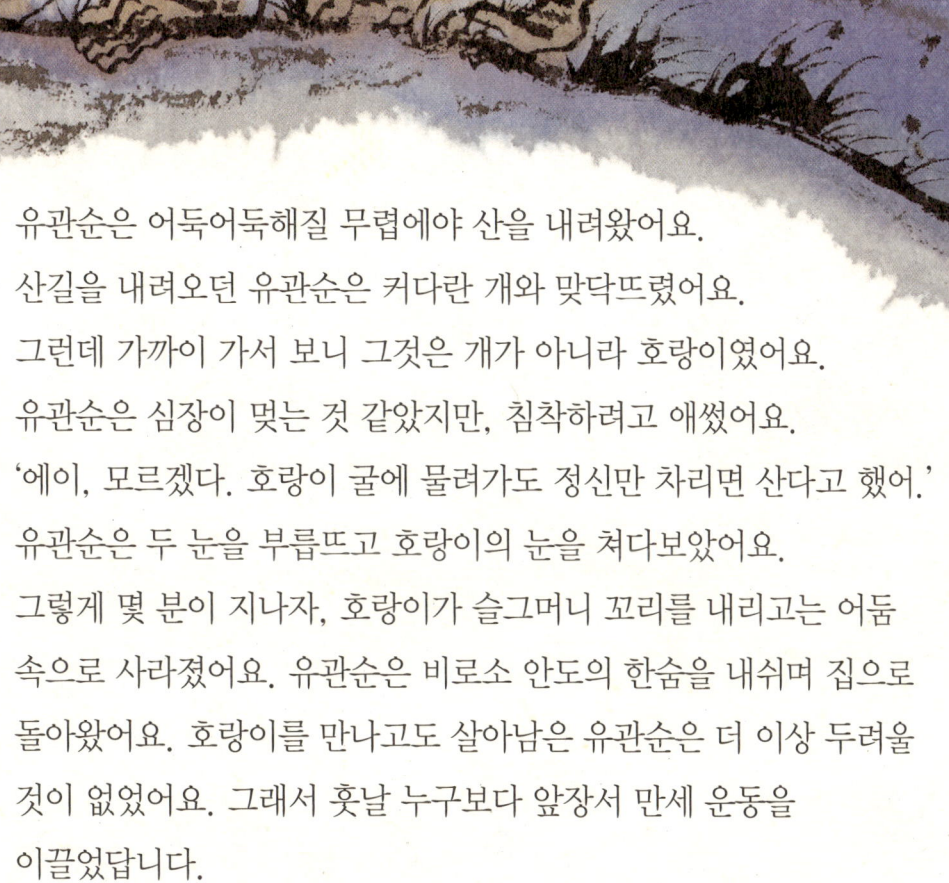

유관순은 어둑어둑해질 무렵에야 산을 내려왔어요.
산길을 내려오던 유관순은 커다란 개와 맞닥뜨렸어요.
그런데 가까이 가서 보니 그것은 개가 아니라 호랑이였어요.
유관순은 심장이 멎는 것 같았지만, 침착하려고 애썼어요.
'에이, 모르겠다. 호랑이 굴에 물려가도 정신만 차리면 산다고 했어.'
유관순은 두 눈을 부릅뜨고 호랑이의 눈을 쳐다보았어요.
그렇게 몇 분이 지나자, 호랑이가 슬그머니 꼬리를 내리고는 어둠
속으로 사라졌어요. 유관순은 비로소 안도의 한숨을 내쉬며 집으로
돌아왔어요. 호랑이를 만나고도 살아남은 유관순은 더 이상 두려울
것이 없었어요. 그래서 훗날 누구보다 앞장서 만세 운동을
이끌었답니다.

✚ 우리에게도 언제 위험이 닥칠지 모릅니다. 하지만 아무리 위급한 일을 당하더라도
정신을 똑바로 차리면 위기를 면할 수 있답니다.

☻ 유관순(1902~1920)은 만세 운동을 이끈 독립운동가입니다.

일제 강점기 96

# 시계를 맞바꾼 윤봉길과 김구

윤봉길은 독립운동을 하기 위해 중국으로 건너갔어요. 하지만 막연한 생각만 가지고는 독립운동을 할 수가 없었답니다. 윤봉길은 상하이 홍커우 시장에서 채소 장사를 하면서 현지 사정을 몸에 익혔어요. 그런 다음, 한인 애국단에 들어가 조국을 위해 일할 수 있는 기회를 엿보았답니다.

당시 한인 애국단의 단장은 김구였어요. 김구는 일본 천황의 생일 기념 식장에서 거사를 일으킬 준비를 하고 있었어요. 그는 거사에 참여할 새로운 인재를 찾다가 윤봉길을 발견했어요. 김구는 윤봉길에게 홍커우 공원에서 열리는 일본 천황의 생일 기념식에 폭탄을 던져 줄 것을 부탁했어요. 윤봉길은 기꺼이 김구의 부탁을 받아들였답니다.

거사가 있던 날 아침, 김구는 윤봉길을 위해 손수 아침상을 차려 주었어요. 윤봉길은 담담하게 아침을 먹었지요. 아침상을 물리고 거사장으로 향하던 윤봉길은 김구가 손에 낡은 시계를 차고 있는 것을 보았어요.

"단장님, 저랑 시계를 바꿔요."

"아니, 왜?"
"저는 한 시간 후면 더 이상 시계가 필요 없거든요."
"윤군……."
김구는 더 이상 말을 잇지 못했어요.
윤봉길은 얼마 전에 새로 산 회중시계를 김구의 낡은 시계와 바꾸어
찼어요. 그리고 그 길로 훙커우 공원으로 가서
단상을 향해 도시락 폭탄을 던졌답니다.

➕ 큰 뜻을 품고 자기를 희생한 인물들을 보면 고개가 절로 숙여집니다. 그 희생을 생각하면 오늘을 더 열심히 살아야겠다는 각오가 생깁니다.

👤 윤봉길(1908~1932)은 상하이 훙커우 공원에서 천황의 생일 기념식을 올리던 일본인들을 향해 폭탄을 던진 독립운동가입니다.

일제 강점기

# 97 약속을 잘 지킨 안창호

안창호는 평소 약속을 잘 지키기로 유명했어요.
안창호가 독립운동을 위해 상하이에 머물고 있을 때의 일이었어요.
안창호는 상하이 교민 단장인 이유필을 자주 만났어요. 이유필은 물심양면으로 독립운동가들을 지원했답니다. 이유필에게는 이만영이라는 아들이 있었어요. 이만영은 유독 안창호를 잘 따랐답니다.
어느 날, 이만영은 볼일을 마치고 돌아가려는 안창호를 붙잡고 늘어졌어요.
"아저씨, 내일 우리 집에 꼭 놀러 오세요. 제가 아저씨께 꼭 보여 드리고 싶은 게 있거든요."
"오냐, 알았다. 그럼 내일 만나자."
안창호가 흔쾌히 승낙을 하자 이만영은 좋아 어쩔 줄을 몰랐어요.
다음 날, 한 남자가 김구의 편지를 들고 안창호를 찾아왔어요. 편지에는 이런 내용이 적혀 있었답니다.
'오늘 훙커우 공원에서 거사가 있을 예정이니 집에 계시면 안

됩니다. 또한 교민 단장 이유필의 집에서 거사를 모의한 것으로 입을 맞추었으니 그곳도 위험합니다.'
김구는 윤봉길이 붙잡히게 되면 자신들의 근거지가 탄로 날까 봐, 교민 단장의 집에서 거사를 모의한 것으로 사전에 약속을 했어요. 그리고 이 때문에 다른 독립운동가들이 피해를 입을까 봐 미리 편지를 보낸 거랍니다. 안창호는 김구의 편지를 읽고 잠시 망설였어요.
'어떻게 하지?'
안창호는 잠시 고민한 뒤, 이유필의 집으로 향했어요. 자신을 기다리고 있을 이만영을 실망시킬 수 없었기 때문이에요.
안창호는 이만영을 만나러 이유필의 집에 들렀다가 일본 헌병에게 붙잡히고 말았어요. 하지만 그는 자신의 선택을 후회하지 않았답니다.

➕ 자신이 위험에 빠질 것을 알면서도 어린아이와의 약속을 가벼이 여기지 않고 지킨 안창호의 모습을 본받아야겠습니다.

👤 안창호(1878~1938)는 대한민국 임시 정부의 내무 총장을 지낸 독립운동가입니다.

일제 강점기

# 일본 순사를 울린 이야기꾼

방정환은 '어린이가 미래의 희망'이라고 생각했어요. 그래서 어린이에게 꿈과 희망을 심어 주기 위해 동화를 쓰기 시작했답니다. 방정환은 글재주가 뛰어날 뿐만 아니라 재미난 이야기꾼이기도 했어요.

"자, 오늘은 어떤 이야기를 들려줄까요?"

방정환이 회관에 모인 어린이들에게 물었어요.

그러자 어린이들이 돌아가며 한마디씩 했어요.

"배꼽 빠지도록 재미있는 이야기가 듣고 싶어요."

"눈물이 쏙 빠지도록 슬픈 이야기가 듣고 싶어요."

"저는 선생님이 들려주시는 이야기는 뭐든 다 좋아요."
방정환은 어린이들의 대답을 듣고 빙그레 웃으며 말을 이었어요.

"오늘은 덴마크의 유명한 동화 작가인 안데르센의 '성냥팔이 소녀'를 들려주겠어요."
그러면서 방정환은 꽁꽁 숨겨 두었던 이야기보따리를 풀어 놓았답니다.
방정환이 한참 이야기를 하고 있을 때 일본 순사가 나타났어요. 일본 순사는 방정환이 이야기 도중에 일본을 모욕하는 말을 하거나 독립을 들먹이면 잡아가려고 감시하러 왔어요.
방정환은 이에 굴하지 않고 태연하게 이야기를 계속했어요.
이야기가 극에 달하자, 여기저기서 훌쩍거리는 소리가 들리기 시작했어요. 성냥팔이 소녀의 처지를 안타깝게 여긴 어린이들이 울음을 터뜨린 것이었어요. 순식간에 회관은 울음바다로 변했어요.
방정환을 감시하러 온 일본 순사도 눈물을 참지 못했어요.
그래서 사람들은 방정환에게 '일본 순사를 울린 사람'이라는 별명을 붙였답니다.

✚ 아름다운 동화는 이념을 초월해 모든 이에게 감동을 주게 마련입니다.

☻ 방정환(1899~1931)은 우리나라 최초의 아동 문화 운동 단체인 '색동회'를 조직하여 소년 운동에 힘쓰고, 어린이날을 제정한 아동 문학가입니다.

## 99 그림 속의 복숭아

**일제 강점기**

무명 시절의 이중섭은 가난한 화가였어요.
그림 그릴 종이가 없어서 담뱃갑에 들어 있는 은박지에 그림을 그릴 만큼 가난했답니다.
어느 날, 이중섭은 구상이 병원에 입원했다는 소식을 들었어요.
구상은 시를 쓰는 이중섭의 절친한 친구였어요.
이중섭은 구상의 입원 소식을 듣고 안절부절못했어요.
'병문안을 가긴 가야 하는데…….'
이중섭은 당장이라도 병원을 찾아가고 싶었지만 빈손으로 병문안을 갈 수는 없는 노릇이었어요.
며칠 뒤, 이중섭이 꾀죄죄한 모습으로 병원에 나타났어요.
"아니, 자네 왜 이제 오는가? 내가 얼마나 기다렸다고……."
구상이 섭섭한 듯 한마디 하자, 이중섭이 미안해하며 대답했어요.
"자네가 아프다는데, 빈손으로 올 수가 있어야지."
그러면서 이중섭은 옆구리에 끼고 있던 꾸러미 하나를 구상에게 건넸어요.
"이게 뭔가?"
구상은 이중섭이 내민 꾸러미를 풀어 보고 고개를 갸웃했어요.
"아니, 이건 복숭아 그림이 아닌가?"

"복숭아를 먹으면 무병장수한다는 어른들 말이 생각나서 자네를 위해 그렸네. 진짜 복숭아는 아니지만 옆에 두고 보면서 기운 차리게."
그 말을 듣고 구상의 눈가에 눈물이 맺혔어요.
"이보게, 친구, 정말 고맙네. 내 얼른 털고 일어날 테니 아무 걱정 말게."
그러면서 구상은 이중섭의 두 손을 맞잡았답니다.

✚ 돈이 없어도 우정을 나눌 수 있습니다. 여러분도 소중한 친구에게 마음의 선물을 마련해 보세요.

👤 이중섭(1916~1956)은 우리나라 최초로 서구 근대화의 화풍을 도입한 화가입니다.

# 손기정의 슬픈 금메달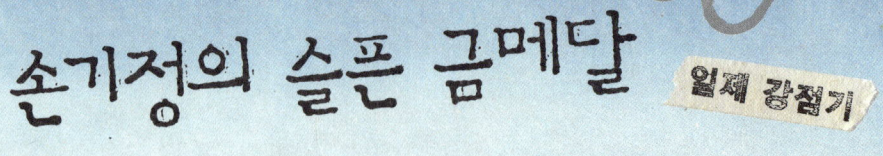

일제 강점기

어릴 때부터 달리기에 소질이 있었던 손기정은 자라서 마라톤 선수가 되었어요. 손기정은 나라 안팎에서 열리는 각종 마라톤 대회에서 좋은 성적을 거두었답니다.

덕분에 손기정은 제11회 베를린 올림픽 대회에 출전하게 되었어요.

'내가 올림픽에 참가하게 되다니……'

손기정은 꿈에 그리던 올림픽 무대에 서게 되어 너무 기뻤어요. 하지만 그에게는 한 가지 고민거리가 생겼답니다.

손기정이 베를린 올림픽에 출전했을 당시 조선은 일본의 지배를 받고 있었어요. 그렇기 때문에 손기정은 태극기가 아닌 일본의 국기인 일장기를 가슴에 달고 달려야 했답니다.

'나는 일본인이 아니고 조선인인데……'

손기정은 마음이 무거웠어요.

'반드시 이번 대회에서 우승하고 말겠어. 내가 조선인임을 전 세계에 알리는

방법은 그것밖에 없어!'
손기정은 반드시 우승하고 말겠다고 다짐했어요. 출발 신호가
떨어지자, 손기정은 있는 힘을 다해 달렸어요. 숨이 턱까지
차올랐지만 그는 포기하지 않았어요. 덕분에
손기정은 세계 기록을 세우며 우승을
차지했답니다. 시상식장으로 들어서던
손기정은 자신의 가슴에 일장기가 달려 있는
것을 보았어요.
그 순간, 손기정은 슬며시
자신의 가슴에 달린 일장기를 가렸답니다.

✚ 우리나라가 일제의 통치를 받던 때, 어려운 상황에서도 나라를 위해 각자의 위치에서 열심히 투쟁한 분들을 기억해야 합니다.

☺ 손기정(1912~2002)은 우리나라의 마라톤 발전을 위해 많은 노력을 했습니다.

# 일화에 대한 도움말

이 책 속에는 우리나라 역사 속에 실제로 존재했던 인물 100여 명의 일화가 소개되어 있어요. 일화란 세상에 널리 알려지지 아니한 흥미 있는 이야기예요. 우리나라 역사 속 인물들의 일화는 우리에게 재미있는 이야기 그 이상의 의미를 가지고 있어요. 정치적인 사건 위주로 풀어 낸 기존의 역사책과는 달리, 우리 민족의 삶의 역사를 고스란히 엿볼 수 있도록 그 시대의 풍속과 생활사를 충실하게 담고 있기 때문이지요.

이 일화들은 정사(正史)와 야사(野史)에 나오는 이야기들입니다. 정사는 역사를 기록하는 관청에서 쓴 역사책으로, 김부식이 쓴 《삼국사기》를 비롯해 《고려사》, 《조선왕조실록》 등이 있지요.

야사는 개인이 쓴 역사책으로, 일연이 쓴 《삼국유사》와
《조선왕조오백년야사》 등이 있고요. 정사와 함께 야사도 참고한 것은 다양한
인물과 사건을 다룰 수 있기 때문이에요. 인물들의 일화를 읽는 사이에
저절로 우리나라 역사 공부가 될 거예요. 선사 시대와 삼국 시대, 통일 신라
시대, 고려 시대, 조선 시대에 이어 근대와 일제 강점기, 광복 이후
대한민국까지의 역사를 한눈에 이해할 수 있지요.
이 책과 함께 과거로의 시간 여행을 떠나 보세요. 어떠한 고난과
시련에도 굴하지 않고 자신의 운명을 스스로 개척해 나간 우리
조상들의 삶을 통해 지혜와 용기를 배울 수 있을 거예요.

동화 작가 표시정

## 글 표시정

1972년 경남 거창에서 태어나, 서울예술대학과 중앙대 예술대학원 등에서 문학을 공부했습니다. 1993년 계간 아동문학평론 동화 부문 신인상을 받아 문단에 나왔고, 1995년 제3회 MBC창작동화대상 장편 부문 대상을 수상했습니다. 지은 책으로는 《고대리 아이들》, 《내 마음을 알아주세요》, 《사라진 공주》, 《강아지 품에 안고》, 《미륵사의 비밀》, 《바위에 새겨진 글자》, 《페달로 세상을 돌린 아이》, 《책벌레 소년 외교관 되다》 등이 있습니다.

## 그림 이광익

서울에서 태어나 대학에서 시각디자인을 공부하였습니다. 어린이들에게 꿈과 희망을 줄 수 있는 그림을 그리기 위해 노력하고 있으며, 그린 책으로는 《황금손을 가진 미다스 왕》, 《재주꾼 삼총사》, 《메주도사》 등이 있습니다.

초판 1쇄 2010년 7월 1일
개정2판 9쇄 2025년 2월 15일

발행처 삼성출판사
발행인 김진용
주소 서울특별시 서초구 명달로94
등록 제1-276호
문의 (02)3470-6800

• 이 책에 실린 모든 글과 그림을 무단으로 복사·복제하는 것은 저작권자의 권리를 침해하는 것입니다.

ⓒ 삼성출판사 2010
Printed in Korea

ISBN 978-89-15-08076-8-64800
ISBN 978-89-15-08049-2 64800(세트)

어린이를 위한 **이야기 학습백과**

# 재미 100

왜 '재미 100' 시리즈야?

한국사, 문화, 예술 등 각 분야에서 재미있는 이야기 100개씩만 모았으니까!

얼른 읽어 봐야지!